CÉSAR
L'ÉCLAIREUR

Bernard MONTAUD

CÉSAR
L'ÉCLAIREUR

Préface de Gitta Mallasz

Éditions DERVY
17, rue Campagne Première
75014 Paris

© Éditions Dervy, 1993, 2001
ISBN : 2-85076-533-3

Sans Patricia Montaud,
sans Dominique Raoul-Duval,
sans Thérèse Roesch
et sans la tendresse de Gitta Mallasz,
je me demande si ce livre aurait été possible

Toute ressemblance avec des événements existants
ou ayant existé, n'est absolument pas fortuite
puisque tout est arrivé ainsi.
Aujourd'hui que César est vraiment mort,
Aujourd'hui que Gitta Mallasz est partie,
Je peux vous le dire enfin : ils ne faisaient qu'un.
Et elle me laisse un immense cadeau :
Je ne serai jamais plus seul sur terre.

Préface

Bernard est mon compagnon de route.
Ensemble nous avons sillonné pendant des années la France et l'étranger, invités par les lecteurs des *Dialogues avec l'Ange*.

Il m'a souvent entendu dire cette citation concernant la rencontre avec l'Ange :
« Qu'y a-t-il de plus naturel que de parler ensemble ? »

Un jour, Bernard me présenta un récit, celui de Jacques à la recherche de son Sauveterre, de son Éclaireur.
Le soir-même, j'ouvrais le manuscrit pour ne le fermer qu'à l'aube.

Oui, j'ai été heureuse de lire ce qu'avait vécu mon ami « Bernard-Jacques », il y avait tant de détails de sa vie que j'ignorais encore.

Il va en passionner beaucoup d'autres, les inciter à chercher — eux aussi — leur Sauveterre, leur Éclaireur, pour vivre enfin l'aventure « la plus naturelle » qui soit.

Son livre est une application concrète de l'enseignement des Anges, les *Dialogues* mis en pratique.

Aujourd'hui Bernard et moi, nous sillonnons d'autres routes.
Elles ne sont plus balisées, ni carrossables.
Elles mènent non seulement vers l'aventure « la plus naturelle » qui soit, mais aussi vers l'aventure « la plus actuelle » qui soit :
le non-encore vu
le non-encore entendu
le non-encore vécu

L'ÉTERNELLEMENT NOUVEAU.

Bernard, lui, est un pèlerin sur cette route.

GITTA MALLASZ

Avant-propos

C'est le récit d'une rencontre, au-dehors comme au-dedans, ça se lit dans tous les sens, par petites gorgées.

Pour les uns, c'est un feuilleton initiatique, là où pour d'autres c'est seulement la bonne odeur de la terre.
Quelle importance !

Si c'est un nouveau monde visité dans ces pages, ce n'est que le début. Il est caché dans l'ordinaire, enfoui sous le banal.
Pourtant, chaque seconde porte un fruit secret, une intensité naturelle au-delà de tous les surnaturels.

Savez-vous ? Il y a déjà quelques Hommes dans ce nouveau pays : des ÉCLAIREURS.
Autant parce qu'ils devancent la foule, que par leur goût de la lumière.

Rien à voir avec des prophètes auréolés : eux, ils sont cachés dans nos villes, d'autres dans nos campagnes, cachés par leur *anonymat sincère*.

Pourtant ils s'élèvent, véritables piliers du silence.

Non pas celui que l'on trouve à la fin du bruit, mais l'autre, celui qui commence la vraie vie.

Parmi les « vivants » qui dorment, ils vivent.
Au milieu des agités, ils agissent.
Parmi ceux qui savent, ils connaissent.

En mangeant leur soupe, ils inventent de nouvelles messes. En regardant un arbre, ils recréent l'ivresse.

Forcément à côté de vous, comme à côté de moi, il y en a un qui attend. Au début on n'ose pas y croire, on se frotte les yeux. Ils ressemblent aux humains, juste pour que nous n'ayons pas peur. Pourtant, il suffit de leur tendre la main pour que l'Aventure commence.

Si c'est un nouveau monde, ce n'est que le début. Il se laisse deviner à travers la rencontre avec son éclaireur. Il se laisse entrevoir sous la buée d'un jeu de miroir.

Et de soi à soi, c'est une bien longue histoire.

Première partie

LES CENT MOTS DE CÉSAR

Tu es du païen mais c'est bien ainsi
tu seras baptisé avèc l'Eau de la vie
tu recevras un nom nouveau.
Ce nom existe, mais je ne peux pas le dévoiler.
Prépare-toi à cela !

Dialogues avec l'Ange

Chapitre premier

LE BAPTÊME DE L'ORDINAIRE

C'était en décembre. La vie m'avait fait mal.

Pendant quelques jours j'avais choisi la solitude, le froid, la marche. J'avais choisi de pleurer mon désespoir d'amour, et d'endurer cet insupportable regard que l'on se porte contre soi-même.

Toujours est-il qu'un après-midi, au détour d'une combe, une grande maison isolée se dressa soudain devant moi. Fatigué, sachant le prochain village à plus de deux heures de marche, je me préparai à demander l'hospitalité pour la nuit.

En approchant, je vis au loin un vieillard, courbé sur son ouvrage, un de ces vieux sculptés dans la pierre du pays. Pourtant, un fait anodin attira toute mon attention. Il avait des gestes souples et déliés. Il ramassait son bois comme une abeille butine les fleurs.

Rien à voir avec ces corps noueux et chenus, ces corps qui ont porté la vie à bout de bras.

Lui, au contraire, au milieu de ce pays sauvage, il semblait ample et frêle à la fois. Il ne sentait pas le dur combat du quotidien, mais il respirait sa victoire sur chaque instant.

Plus j'avançais, plus j'étais envahi d'une étrange sensation. Totalement accaparés par cette présence, tous mes sens cherchaient à comprendre le paradoxe de ce vieux corps, si vivant.

Curieux message de la chair. Sans raison, je me sentis interpellé.
A l'évidence, tous mes tourments avaient disparu.
Adieu chagrin d'amour, adieu les reproches et l'amertume.
Soudain, plus rien, un autre versant de la vie : juste le plaisir de LE voir.
C'est incroyable, non !

Étais-je encore sur terre ?

Il restait à peu près dix mètres. Je m'approchais à pas lents, presque sur la pointe des pieds pour ne pas déranger l'ordre du monde, pour ne pas perdre la saveur de cette rencontre secrète.

A cent lieues de toute vie, on se trouve bête à marcher ainsi. On évite de faire rouler un caillou, on enjambe les brindilles, on colle son oreille contre le silence et on écoute.

Il n'y a rien et tout à la fois.

Lui, penché sur ses fagots, c'est à peine s'il s'est retourné.
Bien sûr qu'il m'avait vu venir, mais dans ce pays on se méfie de l'étranger. Pourtant, il me lança soudain :

– Ciel pommelé, c'est comme femme fardée, ça ne tient pas la journée. Il fera froid cette nuit. Vous avez vu la terre ? Elle se raidit.

Il avait dit ces derniers mots comme un homme qui sait. Et j'aurais juré que dans ses phrases, il y avait plus de silence que de bruit.

Alors que je me préparais à lui demander l'hospitalité de sa grange, il se redressa lentement, tournant son visage vers moi.
Je fus cloué sur place. Son large sourire, l'éclat de ses yeux, et ses rides en cascade comme celles d'un patriarche grec submergèrent mon âme d'un enthousiasme inexplicable.

Avais-je tant manqué d'amour pour que la sympathie inattendue d'un homme me saisisse à ce point ?
Mais que m'arrivait-il ?

On prend peur et faim à la fois. Il faut quelques secondes pour s'en remettre. Alors, on cherche à comprendre. C'est l'erreur : il n'y a pas de repère, c'est une autre rencontre que la mémoire ignore. C'est le « coup de foudre » idiot, par surprise, par inadvertance. Le genre de truc que l'on ne vit que dans les livres et auquel personne ne croit.

Soudain le silence devient indécent. On ne sait plus comment se tenir. On se dandine sur un pied, sur l'autre. On rougit comme un jeune jouvenceau devant sa bien-aimée. On est tout nu, tout nu d'émois devant un étranger.

Nous étions là, l'un en face de l'autre. Depuis quand ?
La transfusion faisait des ravages, agrandissant son sourire à la mesure de mon embarras.

Mille ans s'étaient écoulés quand il ouvrit la bouche pour la seconde fois.

– C'est contagieux... hein !

me fit-il sur un ton narquois. J'étais démasqué, rouge jusqu'aux oreilles. Comment, lui, l'étranger, il savait donc tout de ce philtre magique qui nous liait.

J'en étais sûr, il me regardait : transparent. Il avait des yeux juste pour ressembler aux hommes, mais il savait lire autrement.

Rien à voir avec cet air suspicieux que l'on rencontre habituellement chez ceux qui nous jaugent.
Non, lui, visiblement il s'amusait avec tendresse, il s'amusait de mon désarroi.

Je sentis qu'il connaissait tout de moi. Je ne pouvais pas me l'expliquer, j'en étais certain.
Pour la première fois de ma vie, j'eus le sentiment étrange de n'avoir plus rien à cacher. Cela eut pour effet de me soulager.

Étonnant personnage, quand même ! Inexplicablement, je l'aurais embrassé. Inexplicablement, je me retenais de lui sauter au cou, m'accrochant désespérément à un : «ça ne se fait pas».

J'aurais voulu crier : «oui, vous êtes contagieux», contagieux de joie. Mais, malgré moi, je m'entendis bredouiller :

– Puis-je passer la nuit dans votre grange ?
Je ne vous dérangerai pas, j'ai tout ce qu'il me faut. Mais je tiens à vous payer.

Il me sembla que j'avais d'autres choses à lui dire,

tellement plus importantes, mais voilà, j'en étais incapable.

Il fallait qu'il accepte. En tout cas, j'étais résolu à rester. Je voulais le revoir, je voulais sa présence, rien que sa respiration. Il fallait qu'il accepte.

Il me répondit comme un homme pour qui le temps ne compte pas. C'est-à-dire qu'il ne me répondit pas, cela pouvait attendre. Il se pencha, rassemblant ses fagots, reprenant méticuleusement certains nœuds qui lui paraissaient trop lâches. Il n'en finissait plus et je trépignais d'impatience.

Était-ce pour provoquer le destin ? Toujours est-il qu'en avançant je lui ai proposé mon aide. De bonne grâce, il se recula, me laissant la charge de son bois.

Et nous sommes rentrés en silence jusqu'à la grande bâtisse.

Pas un mot, pas un geste de trop. On aurait dit qu'avec lui, tout dans l'univers prenait sa place exacte. Même le bruissement des arbres commentait notre passage.

Décidément, il était contagieux.

En arrivant devant la grande bâtisse, il me fit signe d'entrer. Pendant qu'il cognait ses chaussures contre le pas de la porte, je surpris son œil amusé. Oh ! misère, dans mon impatience, j'étais entré sans me soucier de mes souliers. Et son regard, en me rappelant à l'ordre, me plongea soudain dans toute ma grossièreté.

Moi qui cherchais à lui plaire, cela commençait bien !

Allez savoir pourquoi, c'est le moment qu'il choisit pour me répondre enfin :

— Jeune homme, on ne paye pas pour dormir sur la paille. Parce que l'on ne paye pas pour respirer.

Allez, posez le bois vers la cheminée.

C'était à la fois une remise en place de mes valeurs, mais aussi l'indulgente caresse de celui qui comprend que je sois aveugle.

Décidément ses phrases étaient bien comme son pays, m'enseignant la force des mots et des choses quand ils sont à leur place.

Comment vous dire cette insupportable comparaison entre sa force paisible et ma jeunesse fébrile. J'étais à l'école maternelle, seconde après seconde, celle où l'on mesure le moindre geste, le moindre mot, pour qu'il ne nous encombre pas.

Je me faisais l'effet d'un éléphant dans une campagne en porcelaine. Étrange pays, où le religieux et l'ordinaire se confondent. Étrange royaume où conjuguer le naturel devient une messe sacrée.

J'étais allé en Inde, au Japon; chercher des Sages pour répondre à mes questions. Et lui, là au milieu, au milieu de TOUT, il répondait sans parler. Il vivait si intensément son présent, que cela devenait une cathédrale de sens.

A cet instant précis, j'ai su sa contagion : il était en ordre, il connaissait SA place sur terre, imposant aux autres de réfléchir sur la leur.
J'ai posé les fagots devant la cheminée. En moi cela vivait si fort que ce simple geste devint un contrat céleste. Il fallait que je les mette en bonne place. Il fallait que je pressente l'ordre des choses, que je partage cette autre dimension du monde avec lui. J'aurais voulu qu'il sache notre fraternité, qu'il la voie.
Et tout ça, pour trois fagots !

Derrière, je sentais qu'il m'observait. Etait-ce un examen de passage, un baptême de l'ordinaire ?

Sa chaise grinça sur le carrelage usé, il venait de s'asseoir. Il n'avait pas jugé bon de me corriger.

En me retournant, j'ai cherché à deviner son sentiment. Je vis qu'il avait sorti deux verres et une bouteille obscure.

Quel dialogue des actes ! Quel silence bavard !

A mon tour je vins m'asseoir en face de lui. Il avait des broussailles blanches au-dessus des yeux. Même assis, son corps ne s'était pas affaissé.

A n'en point douter, c'était un prince, un prince des étoiles de passage sur terre. Je me suis dit que les hommes étaient bien malades pour que leurs vieillards soient si laids.

Lui, il brillait son âge et c'est sûr, le temps était son ami.

Il versa deux verres de vin comme s'il manipulait de l'or. J'ai cru un instant que son respect était pour la boisson. Mais lorsqu'il releva les yeux, son intensité fut telle que j'ai su immédiatement que seul *l'acte de partage* comptait pour lui.

Il leva son verre, tout son être tendu vers moi. Nos regards se croisèrent dans une secrète intimité – les verres n'étaient plus qu'un prétexte, le toast, la boisson, les fagots, tout devint soudain une apparence illusoire. C'est ailleurs que cela se jouait, au pays des joutes de Seigneurs.

On aurait dit que depuis des millions d'années, il m'attendait.

On aurait dit que j'avais toujours su qu'il existait.

Les choses étaient en ordre, les mille petites choses de la vie, la poussière sur la bouteille et sur le buffet, les photos jaunies. Habituellement, il y a toujours un grain de sable au milieu des rouages.
Aujourd'hui : rien ; nous étions *au milieu,* l'univers à nos pieds, et partout le Feu.

Alors, il y eut un Baptême, un vrai, sans emphase, comme seul l'ordinaire sait l'accomplir.
Il trempa ses lèvres sans me quitter des yeux. Et en posant son verre il s'écria comme un tonnerre :

– Je m'appelle César, et toi ?

Ce fut une double déflagration : son Nom et le tutoiement.
On ne donne pas son nom comme ça, dans les campagnes.
On observe d'abord, on observe longtemps. Et puis, le nom, passe encore, mais alors le prénom, c'est déjà s'engager. Ça fait tout de suite intime. Et l'on n'est pas ami après seulement une demi-heure !

J'étais certain de la vérité de ses choix, de ses mots ; certain que dans une si courte phrase, il était capable de tout dire, de se situer et en plus d'obliger l'autre à le faire.
Et puis, n'avait-il pas insisté en employant le tutoiement ?

Il fallait que je me livre. Tout était dit, et je me retrouvais acculé au pied de ma propre identité.

Vous en conviendrez, j'allais de surprise en surprise. Dans ce décor rustique, notre scénario devenait une lutte en finesse. Quel homme était-il pour dégager une telle effervescence, une telle intensité à travers le moindre détail. Il y avait eu le danger des fagots, et voilà que maintenant j'étais en péril à cause de l'énoncé de mon propre nom.

César avait un secret. Oui, mais lequel?
Que s'était-il donc passé dans ma vie depuis une demi-heure?
Rien, rien que du banal, et pourtant j'avais l'impression d'être VIVANT.
D'où provenait cette ivresse de mes cellules?
J'étais un autre, j'étais qui?

Il me tenait dans sa main, comme sous une aile. Il me tenait dans la poigne de ses silences. Il ne me demandait rien, ou si peu. Il donnait. Mais que donnait-il?
Et tout cela pour un nom, le mien. Comme s'il s'agissait d'une immense confession! C'est impensable quand même!

J'eus la brève sensation que je ne pourrais pas soutenir son regard. Que se passait-il? Aussi, en posant mon verre, je me suis détendu en feignant de m'intéresser à mes mains.
Il fallait que je réponde maintenant, que ce baptême mutuel en finisse. Cela devenait insupportable. Quelle affaire pour échanger nos noms! C'est fou quand on y pense, comme le sacré est un feu ardent lorsqu'il est naturel. Allez, il faut me lancer, c'est le moment.

– Je m'appelle Jacques Vermont.

Pour rien au monde, je n'aurais ajouté un commentaire, tant dans cette maison les mots ne doivent pas encombrer la vie. C'est une question de règle du jeu, comme pour lui dire: «Je sais où tu es, et je viens te rejoindre.»

Quelle prétention! Je ne tardais pas à le découvrir, car en relevant les yeux, j'ai surpris dans son regard l'indulgence que l'on accorde à un jeune enfant qui a fait une grosse bêtise.

Moi, qui étais si fier de ma réponse brève, si fier d'avoir pu lui ressembler ! A l'évidence, j'en avais encore trop dit. Et sans même qu'il prononce la moindre remarque, je vis que mon nom de famille était en trop.

Indélicatesse subtile, certes, mais avec César rien ne se faisait dans le grossier. C'est curieux comme la moindre poussière devient une montagne quand la vie est intense. Curieux, comme ce nom de famille, à peine déplacé, devenait une énergie encombrante.

Au lieu de lui serrer franchement la main, je gardais comme une raideur distante, comme une prudence dans l'identité, pour ne pas me livrer tout de suite jusqu'à l'intime.

Il faut en convenir, j'avais eu peur de n'être que Jacques. Peur de l'intimité dangereuse que cela risquait d'entraîner. Allez, soyons clairs, j'avais eu peur de César, un point c'est tout.

Il se produisit alors un retournement magique. Le vrai magique, pas celui des hystériques, mais celui de la vie. Dans le silence de notre affrontement il vit que j'avais compris son indulgence, compris mon nom de famille déplacé. Il se détendit.

Oh ! imperceptiblement, c'est de millimètres dont je vous parle.

Il se détendit pour m'accueillir.

Il y eut un énorme éclat de rire. Un rire si puissant, que l'on sait qu'il provient du fond de l'homme. Nous avons ri si fort que nos yeux étaient en nage.

Quelque part, en France, sur une autre planète, ce fut une comme-union, une intime conviction de l'un à l'autre.

Aujourd'hui quand j'y repense, je sais que César avait raison, son monde est bien vivant, l'autre est déjà mort.

Tu vois le miracle venir
seulement si tu t'oublies.
C'est le secret des secrets.

Dialogues avec l'Ange

Chapitre 2

LE RENDEZ-VOUS SECRET

Vous dire que j'ai bien dormi, ne serait pas exact. César hanta mes rêves. J'étais trop accaparé par cette autre manière de voir le monde et d'en vivre chaque instant.

Ma chair à peine née à cette nouvelle intensité trépignait d'impatience, réclamant de l'ivresse, encore de l'ivresse, encore de la vie.

Alors, vous imaginez ma nuit !

A ce jeu, on oscille entre l'exaltation extrême et un désarroi profond.

Tantôt on pressent la grandeur que l'on pourrait être, tantôt on mesure l'affligeante petitesse que l'on est... Ah ! mes amis, quelle nuit ! Une sorte de voyage à perdre haleine, aller-retour : enfer-paradis.

Le soir, nous avions un peu parlé, très peu : présentations d'usage.

César autrefois avait voyagé. Mais il restait discret

sur ses activités. Sa femme était morte, il y a dix ans à peine. Ils avaient habité quarante ans dans le village voisin.

En comptant sur mes doigts, il devait avoir à peu près quatre-vingts ans. Je crois bien qu'il avait dû soigner des gens ; rebouteux, sorcier ou magicien ? Allez savoir, avec ce diable d'homme !
Un jour il s'était retiré, seul dans la grande bâtisse : « la Sauveterre » comme il la nommait, parce que le pays s'appelait ainsi.

Ensuite ce fut mon tour, pour la forme. Forcément, il savait déjà tout. Le jeu de ses sourcils soulignait ses multiples étonnements, mais ses yeux pétillaient d'une malicieuse compréhension. Visiblement il s'amusait beaucoup à me lire dans tous les sens.

Et puis je fus fatigué. Il m'avait contraint à une telle intensité ! En nous séparant, j'ai bien cru qu'il allait m'embrasser. Mais il n'en fit rien.
N'avais-je pas rêvé ?

Il faisait à peine jour quand je me suis éveillé. En me levant dans l'espoir de le surprendre, je l'ai aperçu par la fenêtre de la grange. Il était debout sur le pas de sa porte, contemplant les grands arbres et le vallon.

En m'entendant venir, il se tourna à peine, juste pour me sourire. J'avais oublié ses yeux, mais ils me revinrent en un instant. C'était les yeux d'une mère penchée au-dessus d'un berceau, au point que l'on se sent nouveau-né, petit, tout petit, et c'est délicieux.

En une seconde, j'ai tout oublié : le café, les indispensables deux sucres et la première cigarette.
L'intensité m'avait repris. C'est dur, comme ça, au petit matin. J'aurais voulu lui dire : « César, laissez-moi

souffler, je brûle déjà » ; mais c'est impossible de reprocher à quelqu'un son amour.

Il n'avait pas bougé, le bougre. Solidement planté sur le pas de sa porte, monsieur respirait. Impossible de rentrer.

Alors, je fis mine de l'imiter en m'intéressant moi aussi au paysage. Il fallait gagner du temps, il n'allait quand même pas me chasser !

Bon, une minute ça va, la campagne est belle. Mais passés les premiers instants, cela commence à bien faire.

Le silence devint lourd et avec l'ennui les idées revinrent au galop, les tourments, les souvenirs. Bref, je m'agaçais !

J'étais coincé, coincé de n'avoir qu'à respirer, coincé d'être libre. Et en plus il faisait froid, et puis j'avais faim, et puis j'aurais bien fumé une cigarette.

Lui qui sait tout, il devrait bien savoir que ce n'est pas confortable de dormir dans une grange. Il devrait sentir mon impatience et mon pauvre ventre creux.

Que me préparait-il encore ?
Quel miroir allait soudain renvoyer mon image ?

Alors j'ai respiré plus fort, me laissant prendre au jeu. J'étais sur le qui-vive, cherchant à surprendre le moindre signe, le moindre reflet. J'étais tellement aux aguets, qu'imperceptiblement il fit moins froid. Même la faim sembla s'évanouir, et la cigarette cessa de me préoccuper.

C'était drôle ce renversement du monde, où toute gravité avait peu à peu disparu, laissant la place au jeu.

Mais bien sûr, le voilà mon miroir fulgurant !

La force des grands arbres monta jusqu'à moi, comme si leur sève venait couler dans mes veines. J'étais à point, j'étais dompté, reprenant vie à pleins poumons, et je compris l'efficacité de l'exercice du : « seulement respirer ».

Voilà, je déjeunais en trempant mon regard dans la campagne, le ventre nourri autrement.

Je consommais un feu qu'aucune cigarette ne sait donner.

Vous pensez bien qu'il l'avait senti, et il ne fut plus nécessaire de rester plantés ainsi.

Il inspira profondément, comme quelqu'un de satisfait.

Juste avant de rentrer, il me lança :

– As-tu goûté le *rendez-vous secret* ?

De quoi me parlait-il ? De quel rendez-vous ?

Faisait-il allusion à cet étrange état qui m'habitait encore ?

Il n'allait rien me dire, c'était encore à moi de trouver.

C'était épuisant, à la fin !

Je sentais bien qu'il avait raison, et qu'il m'indiquait une piste. Mais cela m'échappait.

« Rendez-vous secret, rendez-vous secret » ce ne sont pas des mots qui parlent, mais des mots qui se taisent. Des mots qui reculent chaque fois que l'on avance, et qui vous laissent tout faire si vous voulez grandir.

J'eus la conviction que quelque chose s'était passé, la certitude même. Mais quoi au juste ?

Que m'était-il arrivé ?

Certes, il y avait eu le désordre : les arbres confondus avec ma cigarette, l'air frais mélangé à mon café chaud, et même la colline rappelant mon ventre creux — le désordre jusqu'à la confusion.

Et puis, peu à peu, était apparu ce sentiment d'être vivant, éclairé au dedans, comme si chaque chose prenait sa place dans mon univers.

C'est vrai, tout avait changé sous mes yeux : non plus les arbres, mais leur présence ; non plus l'air, mais l'haleine de la terre.

C'est vrai, soudain je regardais autrement : Je voyais, et en plus, je me sentais VU... Inexplicable sensation.

Mais alors, qui me voit ?

C'est ça, le voilà son *rendez-vous secret : si* je suis vu, c'est bien que quelque chose me regarde !

J'y suis : César en vivant sa propre rencontre, venait de me conduire jusqu'à la mienne.

Je fus soudain transporté d'amour pour ce vieil homme. Quel cadeau il venait de m'offrir !

C'était limpide, comme aucun livre ne pourra jamais l'expliquer.

Un instant, j'ai su clairement toute la situation, au point d'en sourire. Vraiment, il y avait un berceau. Et dedans, un nouveau-né qui pleurait son café. Et puis, il y eut une mère : la terre, qui vint se pencher sur lui pour l'embrasser et le nourrir.

Décidément, quel bonheur de se tromper avec César !

En rentrant à mon tour, je n'ai pas oublié de cogner mes chaussures contre le pas de la porte. Dedans il faisait chaud, cette bonne chaleur du bois brûlé. Chacun de mes gestes était souple et les objets se faisaient obéissants. En préparant la table, je fus même surpris de faire aussi peu de bruit.

C'était naturel, complètement naturel, non pas une prudence crispée ni une pudeur inavouée, mais simplement le plaisir d'être vivant. J'eus le sentiment d'être habité, d'être aimé, non pas par César, mais par le bol, la cuillère et l'assiette fêlée.

Il avait raison, j'en étais sûr. Je la sentais cette présence et mon inhabituelle intensité.

Je ne pouvais pas partir d'une telle maison, « la Sauveterre », la bien nommée.

En douze heures, j'avais vécu plus que durant ma vie entière.

Il fallait que je revienne, à tout prix, que j'obtienne la permission de le revoir. On n'allait pas se quitter ainsi !

En m'asseyant, je décidai de profiter de la moindre occasion pour agir en ce sens.

Tout était prêt, la marmite chauffait au-dessus du feu.

Autour d'elle, il s'activait, soulevant le couvercle, remettant du bois. C'est si simple, et pourtant si difficile à vivre : autant d'amour pour un chaudron !

Je sentis que son plus beau cadeau était d'offrir le juste.

Peu importe après ça que le café soit bon ou mauvais.

A cet instant, seul comptait son plaisir sincère et cette royauté dans l'ordinaire.

J'en étais là de mes réflexions, quand une odeur monta jusqu'à mes narines. César s'affaira, d'un geste vif il souleva le couvercle, ajoutant une pincée de sel. Plus de doute, c'est vers une soupe que je me destinais. Un court instant, le regret du bon café vint m'assaillir,

au point de me faire perdre un peu de mon enchante-
ment matinal.

Ah ! le bougre, il dut sentir mon raidissement, car en
posant la marmite sur la table, juste au moment où
j'allais piquer mon second caprice, il s'écria :

– Jacques, la soupe est bonne, si tu es au rendez-vous.

Il me renversa en une seconde, attirant tout mon être
vers un fumet délicieux : aller simple, enfer-paradis ;
aller simple de la nausée à l'appétit.

C'est incroyable, quand même ! Surpris sur le vif,
j'étais donc capable de pouvoir changer de monde !

On est loin des livres, avec le yoga de la soupe au
lard, pourtant je me demande si ce n'est pas le seul
moyen pour apprendre vraiment.

C'est ça : César m'avait prêté ses yeux pour que je
réveille les miens.

C'est ça : il suffisait de voir le caprice, pour préférer
le *rendez-vous secret*.

Ce sacré bonhomme était un génie. Le savait-il seulement ?

Il distillait son Art, oserais-je dire : Sacré, aussi naturellement que d'autres font la vaisselle.

Il lui suffisait d'un petit coup d'œil coquin, ou d'un
geste malicieux, pour que soudain toute mon attention
soit interpellée.

Hep ! viens par là ! et l'on ne se rend pas compte, on
quitte la lumière qui éblouit pour trouver celle qui
éclaire.

Alors on est fait, c'est un jeu où le moindre détail
devient un stade olympique ; et la moindre soupe une
performance mystique.

En me servant la soupe, qui était bien au lard, il eut un large sourire, et d'un air complice il me glissa :
– Alors Jacques, es-tu au rendez-vous ?

Avec précaution, il se servit à son tour. Puis il retourna vers le feu suspendre le chaudron. Lorsqu'il revint s'asseoir, c'est avec plaisir que je lui tendis le pain que je lui avais coupé. Il y a des moments, comme cela, où chaque détail est un breuvage délicieux, une danse des gestes.
Mais que faisons-nous donc le reste du temps ?

Allez savoir pourquoi, j'eus l'impression qu'il avait encore quelque chose à me dire. Et quand César parle, il faut s'attendre à tout. C'est pourquoi j'étais un peu crispé, la tête rentrée dans les épaules. Je commençais, certes, à prendre un certain plaisir aux séismes, mais quand même !

Et puis, allait-il enfin m'expliquer qui était cette personne, non ; cette chose, non ; cette présence rencontrée dans le *rendez-vous secret* ?
Je n'osais pas mettre un nom, ni même une image sur ce qui pourtant, venait d'enflammer ma vie. C'en était déroutant !
Essayez donc de penser sans mot, et sans image !
Qui était-ce ? Qui ?
Et comment le rencontrer à nouveau ?
Me le dirait-il enfin ?

Il déplia sa serviette, comme d'autres déroulent un papyrus de l'ancienne Égypte. Il ouvrit son couteau, puis découpa de petits morceaux de pain dans sa soupe, admirant son œuvre avec un recul satisfait.

Ensuite il plongea sa cuillère dans l'assiette, tournant et retournant avec lenteur et application, sa soupe fumante.

Il n'en finissait plus, il était agaçant à la fin. Allait-il parler, oui ou non ?

De mon côté, je n'avais qu'une idée en tête : m'arranger pour revenir.

Bouchée après bouchée je guettais le moment propice pour aborder le sujet. Car enfin, si tout peut être un *rendez-vous secret,* n'avais-je pas passé ma vie à l'ignorer ? Il fallait que je revienne, que j'apprenne.

J'en étais sûr, notre rencontre terrestre n'était pas un hasard.

J'en étais sûr, mon rendez-vous avec César n'était qu'un entraînement à mon *rendez-vous secret.* Allait-il me laisser sur le quai de la gare ? C'était trop bête !

Le temps passait, et voilà, j'allais tout perdre. Tant pis, si ce n'était pas le bon moment, il fallait que je lui parle. Il fallait qu'il m'aide à connaître cette grammaire qui conduit au JAMAIS-SEUL.

Et lui, n'avait-il rien à me dire ?

Il eut de grands yeux clairs. Après quelques bouchées il s'arrêta ; laissant sa cuillère sur le bord de son assiette, il se donna une pause. Puis il se recula dans sa chaise et j'ai bien cru qu'il allait me demander si la soupe était bonne.

– Si tu reviens mon ami, reviens avec « celui-qui-t'accompagne ».

Je reçus ce mot de plein fouet comme si je l'avais toujours su.

Je ne pus m'empêcher d'être admiratif de sa logique naturelle. A quoi bon trouver des noms religieux à ce qui n'est qu'ordinaire : ange, guide, maître, quand le simple suffit pour en parler.

« Celui-qui-m'accompagne » l'expression me plaisait, laissant libre mon esprit de toute image.

En une phrase, il avait encore répondu à tout. Il me regarda longuement, mesurant ma présence.

Il dut être rassuré sur mon sort, car soudain la soupe redevint plus importante. Le lard froid, c'est un blasphème ça ne se fait pas, surtout quand on s'appelle César.

Parce que tu as écouté maintenant avec ton cœur,
c'est maintenant le hors du temps,
parce que tu m'as attendu à temps.

Dialogues avec l'Ange

Chapitre 3

PAS A PAS, CŒUR A CŒUR

J'étais rentré chez moi depuis la veille, et César, en pensée, ne me quittait pas.

Quelle rencontre ! Quelle bonne odeur de la terre m'indiquant un ciel inattendu !

Nous nous étions quittés très tôt, juste après la soupe au lard, car ce matin-là il se rendait chez des voisins en difficulté. Qu'allait-il y faire ?

En nous séparant, il y eut une grande accolade solide, et dans son silence je vis tout l'espoir qu'il portait en moi.

Mon Dieu, que cela faisait du bien !

Puis il tourna sur ses talons pour enfiler une grande veste de chasse pendant que je fermais mon sac à dos.

Sur le pas de la porte, nos routes se sont séparées, comme ca, sans commentaire. Vous connaissez César !

Bien sûr, je l'ai guetté, espérant un signe. Mais il n'en fit rien. Il était dans sa vie, destination les bois. Il avait tourné la page, c'est aussi simple que ça.

Secrètement je l'enviais, constatant ma difficulté à le quitter. Je fus même un peu déçu de n'avoir pas plus d'importance.

A force de me retourner, j'ai d'ailleurs fini par trébucher, me rattrapant de justesse à une branche.

Ouf ! Quel cocasse rappel à l'ordre !

Quel clin d'œil plein d'humour m'indiquant un nouveau caprice en train de naître !

« Allez, Jacques ! La route est devant, laisse ton passé ! » semblait me dire cette racine en travers du chemin.

Je sursautai.

La racine ! Mais non, pas la racine !

Il venait de se pencher sur moi, « celui-qui-m'accompagne ».

Il venait de me parler sans s'encombrer de mots, m'indiquant la bonne direction.

Et moi, n'avais-je pas immédiatement reçu son message, sans avoir à réfléchir, simplement ?

Ça change tout, vous savez, les *rendez-vous secrets !*

D'un côté la racine qui agace, de l'autre la caresse de sa main posée sur mon épaule.

Alors je me suis mis à marcher rien que pour moi, dans ma direction, heureux comme un enfant que le *rendez-vous secret* ait encore eu lieu. Allez, je vous le confesse, j'étais même fier de m'en être sorti tout seul, fier de m'être passé de César pour retrouver l'intense.

Et je me suis mis à chanter à tue-tête, une chanson bébête née de mon enthousiasme, remerciant sur un air d'opéra la moindre branche que je trouvais jolie.

Les arbres vous le diraient, j'ai vraiment chanté, et je chantais encore dans ma montée d'escalier. Certains disent ivre-mort, moi j'étais ivre-vivant.

Ce matin-là, en me levant, ce fut l'horreur : je me réveillais dans mon ancien monde. Mes yeux avaient-ils changé à ce point ?

Toute ma vie m'apparut soudain futile, d'une insupportable futilité. Comme si l'acceptable d'hier s'était transformé en une chape de plomb.

A l'évidence, j'avais atterri, mais avec le souvenir lancinant d'une autre planète où l'on vivait autrement.

Comme par nostalgie du monde que j'avais quitté, j'eus envie d'écrire à César, sorte de cordon ombilical m'incitant à le rejoindre lui et son univers.

D'ailleurs, quelle idée ! ce n'est pas si simple de faire une lettre à ce vieux magicien. Écrire, c'est le monde des mots, alors vous pensez...

A coup sûr, j'allais bavarder, le genre de truc que César n'aime pas digérer.

Allez, tant pis je me risque, j'ai trop besoin de lui parler. Oui, mais par quel en-tête fallait-il commencer ?

« Monsieur », non, c'était trop solennel. « Mon cher César » trop personnel.

« Monsieur César », et puis zut !

Lettre du 17 décembre

Me voilà de retour dans mon quotidien et ce n'est pas si simple, parce que votre contagion me fait découvrir la pesanteur de mes habitudes.

Pas plus tard qu'il y a un instant, je ne trouvais plus une chaussette. Mais vous n'étiez pas là pour me faire voir mon agacement puéril, alors j'ai perdu le monde, et il s'est révolté. Mon bonheur est décidément bien fragile, pour qu'une simple chaussette suffise à m'égarer.

Pourtant, c'est un autre homme qui est revenu, grâce à vous. Un homme dorénavant certain qu'il existe un autre versant que chaque instant propose.

Il me semble que je vous cherchais, tant je suis infirme en matière de bonheur.
La moindre poussière en travers de mon chemin me fait boiter.
Comment faites-vous pour ne jamais trébucher ?

Que le « hasard » est bon avec ceux qui souffrent. J'avais perdu une épouse, et grâce à vous, aujourd'hui, je peux espérer un couple plus grand encore avec « celui-qui-m'accompagne ».

Mais qui êtes-vous donc pour qu'une telle rencontre ait eu lieu entre nous ? Mes rendez-vous habituels sont si loin de l'intensité que nous avons partagée.
Sommes-nous si aveugles, pour que la plupart du temps toutes nos relations soient aussi ternes ?

En quelques heures, vous m'avez fait mesurer la force des mots, quand on laisse au silence le soin de trouver les adjectifs.
Pardonnez ma franchise et mes longues phrases, je n'ai pas encore votre simplicité. Mais quelle est cette science qui vous rend si bavard même quand vous ne parlez pas ?

Aujourd'hui, je le vois déjà, quelque chose est parti. Je ne sais plus trouver ce sanctuaire secret qui se cache dans l'ordinaire. Votre proximité me guidait, et je me sens orphelin, maladroit. Même si je sais que le choix est en moi, je dois bien convenir qu'à la moindre chaussette perdue, je n'y arrive pas.

Je ne sais plus ennoblir l'instant comme vous me l'avez montré.

Le moindre inconfort souligne mes humeurs capri-
cieuses, comme autant de paix dont je me prive.
Je suis à nouveau seul sur terre, j'ai perdu «celui-qui-
m'accompagne».
Indiquez-moi omment le retrouver.

Décidément, même quand on vous écrit une lettre, on
s'élève au-dessus de sa condition habituelle. César,
vous êtes contagieux, et je vois bien que je vous aime.

Je suis impatient de vous revoir, mais vous ai-je
quitté vraiment?

Que Dieu vous garde.
Si le mot Dieu ne vous indispose pas.

Jacques.

Bon, j'avais fait de mon mieux, recommençant dix
fois ma lettre. Bien sûr que j'en avais trop dit. Bien sûr
que c'était un peu guimauve. Mais j'avais tellement de
choses à lui dire, que je l'avoue, j'en ai profité.

Maintenant, qu'allait-il se passer? Allait-il au moins
me répondre?
Au fil des jours, j'eus de plus en plus de doutes. Vous
savez, toutes ces histoires que l'on se raconte quand on
n'est plus vraiment sûr d'avoir bien fait. N'allais-je pas
le choquer? Et puis, était-il en mesure de me répondre?
Au fond, on ne parle pas de ces choses-là dans les campagnes. On les vit, ou on ne les vit pas, c'est tout.

Chaque matin, je guettais le courrier, un peu plus
embarrassé que la veille. Et si j'avais simplement tout
inventé?
Avec mon besoin de grandes aventures mystiques,

j'étais bien capable, dans un élan romantique, de voir un super-César là où il n'y avait qu'un simple paysan.

Mais la soupe au lard me rappela à l'ordre, et le chant dans la forêt me tira l'oreille. C'est fou, avec le temps, comme ma lourdeur quotidienne devenait un poison qui me faisait douter de tout. N'avais-je pas assez goûté à cette légèreté intense ? Allons, Jacques, ressaisis-toi !

Cinq jours plus tard, elle était là, dans la boîte aux lettres. En tenant compte des délais de la poste, il avait donc répondu tout de suite. Etait-ce un bon ou un mauvais présage ?

Vous dire que j'étais fébrile serait encore trop faible. Mais j'avais tant de choses à terminer. Je voulais du calme, et me faire une messe de cette lecture. Aussi, ai-je convenu de la lire le soir, même si c'était carrément héroïque de tenir jusque-là.

En l'ouvrant, je fus saisi, j'aurais pourtant dû m'y attendre : seulement quelques lignes, écrites sur une feuille de cahier arrachée.

Sauveterre, le 22 décembre.

Le hasard n'existe pas.
Celui qui souffre cherche un père, et il marche plus longtemps que les autres.
Alors, naturellement, il rencontre celui qui cherche un fils.
C'est la moitié du Plan, l'autre moitié te conduira au *rendez-vous secret*.

Personne n'ose, mais c'est déjà possible.
Si tu goûtes une seule fois à « celui-qui-t'accompagne » tu ne peux plus jamais en douter.

Que le JEU te garde : VIVANT
Si le mot Jeu ne t'indispose pas.

César.

C'est à vous couper le souffle, un tel recul sur les
événements de la vie. On commence par lire et puis on
ne comprend pas, jusqu'à ce que le rideau se lève.
Alors, on pressent d'autres perspectives, une autre
langue issue d'un autre monde.

Bien sûr, je l'ai lue et relue cette lettre. Et plus je
m'approchais du sens, plus il m'échappait, mais à
chaque fois je m'élevais.

Assis sur le bord de mon lit, j'étais là, tout bête,
essoufflé d'avoir parcouru ces quelques lignes.
La lettre glissa de mes doigts pour aller tomber sur le
sol.

Pour rien au monde je n'aurais bougé de peur de
perdre l'intensité qui me traversait.

J'étais heureux, profondément heureux, pour la première fois de ma vie j'eus la conviction d'avoir rencontré un homme : un vrai ; un qui m'attendait.

Et je me suis senti aimé, aimé à perdre haleine par le
« hasard » qui m'avait confié César. Voilà, j'y étais une
nouvelle fois, quelques mots avaient suffi, « celui-qui-
m'accompagne » était là, penché sur mon épaule.
J'aurais voulu crier : « César, c'est vrai, la première
moitié du rendez-vous, conduit à la seconde. » J'aurais
voulu danser, célébrer ma découverte, mais le sacré me
cloua sur place, dans une joie qui réclamait toute ma
dignité.

Ça alors, je n'avais pas mesuré l'importance du rôle de César !

Et comme soudain tout me paraissait différent !

Même le mot « Dieu », que le vieil homme avait remplacé par JEU à la fin de sa lettre, résonnait en moi à l'infini.

Pas de doute, ma foi était usée, et il m'en proposait une toute neuve : Le jeu divin.

Pas de doute, plus que la prière, c'est la chaussette que l'on perd avec le sourire qui nous fait bien vivre.

Déjà, cela me reprenait, j'eus envie d'aller voir César. Et je me suis précipité sur mon agenda pour arranger une fugue.

Oui, mais voilà, c'étaient les fêtes de fin d'année, pas moyen de me libérer.

Début janvier, ce serait bon. Il fallait vite le lui écrire.

Entre le commencement et la fin est le temps ;
entre la fin et le commencement, l'éternité...
Il y a une porte qui ouvre sur l'éternité,
pas au commencement mais à la fin...
A la mort de chaque instant
tu peux rentrer dans l'éternité.

Dialogues avec l'Ange

Chapitre 4

CHAQUE INSTANT SUR LA PAILLE

Quelques jours plus tard...

J'avais passé toute une partie de la nuit à lui écrire. Mais après l'enthousiasme des débuts, il faut bien le dire, c'était la déconvenue qui remplissait mes phrases.

Quelle lettre, mes amis, un plongeon vertigineux où mes plaintes littéraires allèrent jusqu'à m'arracher quelques larmes.

Décidément, j'étais bel et bien en train de passer à côté de ma vie. Pas de doute, au regard de l'intensité qui habitait César, j'étais un feu de paille en train de s'éteindre, un préretraité chronique en instance de mort.

Même les fêtes de Noël, si proches, me parurent une liesse artificielle, une comédie sans profondeur où j'allais me salir de faux sourire en triste bonne humeur.

Vers la fin de ma lettre ce fut carrément du délire, et le gémissement se transforma en révolte.

Jésus, en naissant, devenait un petit frère gênant. Un bébé encombrant que tout le monde admire.

Allez-y, pressez-vous autour du berceau avec vos insupportables : « mon Dieu, qu'il est beau ! ».

– Petit Jésus par-ci, petit Jésus par-là...

Et moi alors ! Moi, l'enfant jusque-là unique, qui me regarde encore ?

Vos fêtes, je m'en fous, c'est tout pour lui. Moi aussi je suis tout petit, moi aussi je veux être aimé.

Et d'abord cessez de nous comparer, cela m'oblige à lui ressembler.

D'accord c'est un brasier et je ne suis qu'une toute petite flamme. Et alors !

Est-ce une raison pour m'abandonner ?

J'en étais là quand je me suis couché, accablé de ma propre personne. Mais pendant mon court sommeil, mes rêves furent infiltrés par les mots de la lettre de César.

Comme c'est étrange ! On aurait dit que le ciel m'envoyait des spots publicitaires fulgurants, lettres blanches sur fond bleu, des éclairs faisant sursauter mon âme, comme une main tendue avant que je me noie : JEU—VIVANT—RENDEZ-VOUS—OSE...

Il faudrait que je lui en parle, c'était trop curieux. Il n'y avait pas seulement les mots, mais aussi leur musique.

Comme si le verbe avait une saveur, comme si chaque nom était une fenêtre nous faisant visiter les perspectives de l'univers.

C'est fou, quand j'y pense, j'ose à peine vous le confesser, il me semble que chaque mot est un être vivant.

Décidément, il faut que je lui en parle.

Quelle ne fut pas ma surprise, le lendemain midi, de trouver une lettre de César dans ma boîte, moi qui venais juste de poster la mienne. Subitement, j'eus presque honte de mon délire gémissant.

Pourtant quelque chose avait changé, comme si depuis son premier courrier je n'avais plus peur de le perdre ; comme si sa clairvoyance et sa noblesse, en m'autorisant enfin à être un homme faible, me donnaient déjà l'énergie de devenir un homme fort.

Quelque part en moi, j'en étais sûr, cela ne faisait que commencer.

Allez, tant pis pour mes plaintes, c'était un appel au secours, et j'étais certain que César me comprendrait.

J'ai monté quatre à quatre les escaliers, me précipitant à mon bureau pour déguster ma lecture.

En ouvrant la lettre, c'est drôle, j'ai senti l'odeur de sa veste. Était-ce un simple souvenir ?

Sauveterre le 23 décembre

Joyeux Noël au nouvel enfant

Celui qui voit la place de tout,
renaît dans une étable : l'ordinaire
La paille, chacun de tes instants.
Et sur cette couche Divine, l'immaculée conception :
TON RENDEZ-VOUS SECRET

De qui est né le nouvel enfant ?
De Joseph et de Marie : c'est la moitié du rendez-vous, sur terre.

De Marie et du Saint-Esprit : c'est l'autre moitié, au ciel.

Joyeuse nouvelle : Jésus c'est toi

César.

Ça alors, pour être dans le mille, c'était en plein dans le mille !

Je me revis la veille au soir, enfant jaloux de son petit frère nommé Jésus. Vraiment, je n'avais rien compris.

Jamais personne ne m'avait parlé ainsi. Soudain la crèche, les santons, toute ma foi infantile volaient en éclats. J'eus le sentiment de la poussière du temps sur le folklore de nos croyances.

Mieux encore on aurait dit que l'air frais rentrait de toute part, le sacré reprenant ses droits, pulvérisant les limites étriquées de ma bigoterie.

Décidément tout compte avec César, tout à son contact est vivifié d'un nouvel œil. Même nos plus vieux refrains font peau neuve.

Je sentis que ces mots faisaient leur effet, la contagion me reprenait, cadeau de Noël à la César, mon premier vrai Noël dont je mesurais enfin l'intensité.

En montant me changer, car je devais sortir, il fit froid et puis chaud, la contagion se propageait et je crus bien ne pas pouvoir la supporter. Cela vivait malgré moi, dans une légèreté étrange et naturelle à la fois.

En franchissant le palier, je l'ai senti qui était là : IL m'observait, IL m'accompagnait de sa présence puissante.

L'autre moitié du *rendez-vous secret* s'accomplissait.

L'univers respirait, pas n'importe quoi, pas n'importe comment.

C'était comme un liquide tiède, source d'une palpitation à peine rythmée qui viendrait appuyer un récital de chuintements, de ramages et de sifflements bienveillants.

De là, un clapotement en cascade venait inonder mes membranes, toutes mes membranes, comme si ma présence réduite au battement d'un pouls se confondait avec « celui-qui-m'accompagne ».

Pas de doute, derrière mes yeux, d'autres yeux.
Derrière ma respiration, un autre souffle.
Pas de doute j'étais mêlé, entremêle avec...

et « JE » devint « IL ».

« IL » s'assit alors sur une des marches de l'escalier, surpris par la Rencontre, et la rampe grinça.
« IL » passa un instant, puis deux, à écouter la mesure, jusqu'à la précision cristalline de sa présence moitié terre – moitié Dieu.

« IL » n'avait plus de nom, mais une identité immense, forcément « IL » faisait partie de tout.
Même le minuscule déplacement des objets, même les grincements du silence et le froissement de l'air, semblaient lui demander son autorisation.

Était-ce bien extérieur ?
Ou le mouvement sanguin du grand Horloger ?

Même la poussière en tombant devenait un pétillement infime, que la lumière s'amusait à faire danser.

Aucun doute, en cet instant, il n'y a rien au dehors qui ne soit MOI, et pourtant je ne suis plus.

Aucun doute, rien n'existe sans la permission intérieure de « celui-qui-m'accompagne ».

« IL » se blottit contre la rampe, laissant monter un frisson du fond de l'homme.
« IL » la reconnut cette odeur, la sienne : son Histoire.
« IL » se retrouvait enfant, celui qu'il avait été.

Vers la fin de l'instant, mais n'était-ce pas le début ?
« IL » atteignit la vision de son imperfection consciente.
Les écluses avaient cédé : « IL » était heureux de se pardonner.
A ce point-là, on est UNIQUE dans Ses bras ouverts.

« IL » bougea sa jambe engourdie, et les instants se transformèrent en minutes.
« IL » redevint Jacques.
Il se mit à parler, malgré lui, se servant des mots comme on s'étire au petit matin, lorsqu'on se réveille.
En levant les sourcils, il tomba d'un œil sur la pesanteur du dehors.
Il ne sentait plus la grande respiration.
Dedans-dehors à nouveau séparés, et l'horrible frustration de ne vivre qu'à moitié.
On ne ment jamais quand on dit que l'on est SEUL.

J'en étais sûr, c'était Noël, le vrai, que je venais de vivre.
Le nouveau Jacques était né dans une étable en forme d'escalier.

Au fond Noël, c'est tout simple, on est pris-habité.
On ne peut pas se poser de question, on ne peut plus : *on est la réponse.*

César, l'aventure commence, mon rendez-vous secret je l'ai goûté, et je n'ai plus à douter,

César, si tu as besoin d'un fils, je veux bien d'un père.

César, le jour où je lâcherai ta main, nous deviendrons frères.

Quelques jours plus tard, je recevais la réponse à ma seconde lettre.

Mon Dieu! comme le Jacques de ce courrier était déjà loin de celui d'aujourd'hui. Un peu honteux j'ouvris l'enveloppe en me demandant bien ce que le vieil homme avait pu trouver à me répondre.

Lettre du 30 décembre.

Mon ami,

Un homme ne se plaint jamais,
sauf à sa femme,
mais il prend le risque de la perdre.
Je t'attends.

César.

Le plan plane au-dessus du temps.
Si vous devenez un avec le plan,
vous n'êtes jamais en avance,
et vous n'êtes jamais en retard. (171)
Si vous agissez sans LUI,
votre main ne fait que brouiller la matière ;
vous avez encore le choix.

Dialogues avec l'Ange

Chapitre 5

LE PROGRAMME
N'EST PAS LE PLAN

Il y a la neige et le vent glacé; j'avance à grand-peine.

Encore une heure et j'y suis.

Dieu que César est bien protégé, même la nature semble être son alliée.

Il faut vraiment en avoir envie pour aller le rejoindre, d'autres raisons qu'une simple promenade.

Mais n'est-ce pas une juste douane?

Une sorte de préparation naturelle où l'enfer nous grandit pour nous éduquer au paradis.

Allez, encore un effort, derrière le vallon j'apercevrai « Sauveterre ».

Me croirez-vous, j'ai eu peur durant ces trois heures de marche.

Peur des chiens qui sortaient des fermes isolées, peur de me perdre dans ce paysage enneigé où les sentiers avaient disparu. J'ai même craint, un instant, de ne pas pouvoir arriver avant la nuit.

A première vue cela paraît bête, mais peut-on soutenir les feux de l'Amour, sans avoir dépassé les feux de la peur ? La nature faisait son office, m'entraînant au maximum de moimême.

D'ailleurs, que vaut un trésor, s'il suffit de se pencher ?
Et qui serait César pour moi, s'il était simplement mon voisin de palier ?

Ça y est, j'y suis presque, comme c'est bon d'être là !
Comme toujours en arrivant, on accélère le pas, on perd le rythme et on s'essouffle.

La nuit commençait à tomber, et c'est une excitation impatiente qui me fit franchir les derniers mètres.
En passant devant la fenêtre, je me suis arrêté un instant, histoire de reprendre haleine.

Il était là, assis face à la cheminée. Il épluchait des légumes, partageant avec le feu les commentaires de la journée.
Maintenant ce n'était plus la marche qui me faisait cogner le cœur, mais bel et bien « mon » César.
Quel délice, deux jours entiers auprès de lui !
Quel cadeau, ce prince pour moi tout seul ! J'avais tant de questions à lui poser.

En frappant à la porte, je n'ai pas oublié de cogner mes chaussures contre le seuil, ce qui eut pour effet de m'amuser.
Il vint m'ouvrir, la lumière était pâle, deux bougies vacillaient dans la petite cuisine.
Bien sûr que non, César n'est pas écologiste. Mais voyez-vous, dans ce pays, l'électricité, c'est impensable.
Plus tard, il allumerait la lampe à gaz, mais quand la nuit serait noire.

Un sourire plus un sourire, cela fit une grande accolade.

Il y avait une chaleur nouvelle entre nous, forcément, les lettres agissaient.

C'est fou comme chez cet homme, le bonheur est sincère et sans pudeur.

C'en est presque gênant pour tous ceux qui ne savent pas dire : «je t'aime».

J'eus envie d'immortaliser son visage rayonnant, juste pour ne pas oublier.

Mais César n'est pas homme à se laisser prendre, même en photo.

Les admirations béates, genre portrait du gourou sur le buffet de la salle à manger, ce n'est vraiment pas son style.

Sans un mot, il alla s'asseoir, m'invitant à le suivre.

Décidément, il n'a pas besoin de parler : il se place, répartissant l'espace à qui veut bien comprendre.

Une fois assis, il attend ; mesurant patiemment les effets du Jeu sur son hôte ; mesurant impitoyablement l'intimité de son invité.

Avec lui au moins, ça ne traîne pas. L'ordinaire reprend tous ses droits : nous rendre VIVANT.

Comme prévu, je vins le rejoindre à table. Pouvais-je faire autrement ?

Quel beau ballet, ce jeu de la place exacte qui devient un langage au point de rendre le mot inutile.

C'est une toile qui se tisse, entrecroisements de forces, d'assurance et de doutes, de puissance et de subtilité.

Chaque acte n'est-il pas un conflit potentiel entre le juste et le déplacé ?

Avec César, croyez-moi, un millimètre ça se franchit. Soudain mille volts sur un détail et voilà l'aventure qui reprend.

Mais va-t-il parler enfin ! Et qu'est-ce que je fais de mes mains ?

Quelque part en France, la jungle sauvage, d'une table de cuisine. Et Jacques, empêtré dans les lianes.

A peine s'était-il écoulé un siècle, que César posa ses deux mains sur la table et me dit avec douceur :

– Jacques, mon ami, je ne peux pas te garder.

Demain il te faudra rentrer. Je dois partir à l'aube pour une affaire urgente.

Imaginez la douche. Jacques plongé dans un bac à glace.

On a tant attendu, on a longuement marché, on s'est fait des idées. Et d'un coup de patte tout bascule.

D'ailleurs ce n'est pas la chute qui fait mal, mais de voir que l'autre n'est pas tombé.

Ah ! l'insupportable proximité, César n'avait même pas sourcillé. Et c'est tout juste s'il n'était pas étonné de me voir atterré.

Il m'attendait, disait-il. Tiens ! mon œil. Il m'a bien fait marcher. C'est vraiment dégueulasse de pareilles méthodes.

Elles sont belles ses lettres, mais c'est dans la vie que cela se juge.

Il s'en va, d'accord ! Mais j'aurais très bien pu rester.

Monsieur se pose-t-il des questions du haut de sa grandeur ?

Oh ! non, bien sûr.

Aucune excuse, aucune raison valable, il me prend pour qui ?

Mais qu'est-ce que je fais là, avec ce vieux fou?
Si je pouvais, je partirais sur-le-champ.

J'avais baissé les yeux, en me tassant sur ma chaise.
J'allais exploser, et seule ma bonne éducation émettait encore quelques réserves.

Ensuite, j'ai relevé la tête, me redressant exagérément sur mon siège. Je ne pouvais plus me taire, c'était insupportable.

J'ai plongé mes yeux-couteaux dans les siens et j'ai pris mon elan...

Imaginez un peu, j'arrivais avec mes chars et toute une armée sauvage. L'ennemi était là, à ma portée.
J'allais l'écraser, il ne resterait rien de vivant. Cela allait être un carnage, une boucherie.

Mais devant moi, il y eut un lac bleu dans une immense plaine, deux grands yeux sincèrement étonnés, et un cœur prêt à mourir sans résistance.
L'adversaire était sans arme, une mer d'huile, sans l'ombre d'une hostilité.

Dans ce genre de situation, de deux choses l'une, ou bien on se ravise et l'on convient de l'erreur, ou bien c'est trop fort et l'on arme son bras vengeur pour s'acharner sur un innocent.

Il me guettait, impassible. On aurait dit qu'il me suivait pas à pas au-dedans.
J'en étais arrivé au point crucial: le choix entre la résistance ou l'alliance, deux mondes contraires, deux destinées.

On ne réfléchit pas dans ce genre d'instant, on peut bêtement tout perdre pour une susceptibilité mal digérée. On est prêt à tout, et c'est avant que cela se joue.

Mon amour d'hier sera-t-il plus fort que ma haine d'aujourd'hui ?

A un moment qu'il jugea opportun – avait-il senti que je risquais de basculer – il se pencha imperceptiblement audessus de la table, comme on prête l'oreille pour inviter l'autre à parler.

Il me provoquait, le bougre. Il me provoquait en mettant sa tête sous la guillotine. C'était trop fort, quand même !
C'est lui qui venait chercher la mort.

Il y eut un tumulte indescriptible entre mes oreilles. J'ai disjoncté, perdant conscience un court instant, et je me suis entendu dire somnambulique :

– César, nous avons au moins la soirée.

Voilà, j'émergeais dans un monde, et l'autre s'éloignait à tire d'ailes. J'étais soulagé ; l'insupportable tension s'évanouissait doucement.
Le vieil homme avança sa main et la posa délicatement sur la mienne. J'ai bien cru que j'allais pleurer ; tant d'amour chez le père, tant d'ingratitude chez le fils.

– Jacques, mon petit compagnon, quand la soupe est dans le chaudron, ce n'est pas du café qu'il faut attendre.

En une seconde je fus devant l'évidence. Il venait de me réveiller. Bien sûr qu'il n'avait pas fait exprès.
Ce devait être un imprévu de dernière minute.
Et mon séjour-café, devenait un séjour-soupe au lard.

J'eus soudain honte de ma haine contre César. Une honte terrible, qu'aucune catacombe n'aurait pu cacher.
J'avais besoin de me rassurer, besoin de son sourire, de son pardon et de sa tendresse.

Il me les donna au centuple, par une pression de sa main sur la mienne, sorte de clin d'œil m'indiquant: « c'est pas grave, mon bonhomme, réjouis-toi, c'est passé ».

Quelle leçon quand même! j'avais tout programmé. On fait tous ça machinalement, vous savez. Pourtant à la sortie, l'addition est chère. Il s'en était fallu de peu.

Décidément, nos jours sont en prison: celle des programmes préfabriqués. Et quand ça change, patatras: on souffre les barreaux.

Après tout, puisqu'il me reste une soirée, au moins, profitons-en!

Et voilà: pas plus ni moins, soudain c'est un autre rivage, celui où habite César.

En se reculant sur sa chaise, il retira sa main. Il ne regardait nulle part quand il ouvrit la bouche. Ses yeux, épris d'un axe invisible, semblaient guider ses mots.

– Qui fait le programme? L'Homme.
Qui fait le plan? Lui.
Si le programme est dans le plan: c'est juste.
Si le programme est hors du plan: c'est l'épreuve
ET C'EST ENCORE LE PLAN.

Il y eut un court silence et il rajouta, amusé:

– Mon petit ami, donne-toi sans programme!
Le plan, c'est le début du *rendez-vous*.

Il se leva pour allumer la lampe à gaz. Il faisait nuit noire et la neige recommençait à tomber.

Il mit une bûche dans le feu car la température avait baissé.

En préparant le repas ensemble, comme deux vieux compères, il me fit parler.

Je lui racontai mes déboires, mes coups de folies, ma lettre désespérée, mais aussi mon expérience dans l'escalier.

A ce dernier récit, il sursauta, insistant pour que je lui donne plus de détails. Il avait dû recevoir les preuves qu'il attendait car il fut soudain débordant d'euphorie.

Il trépignait d'une joie sans pudeur, qu'il avait du mal à contenir. C'est fou, quand même, et cela fait une drôle d'impression de voir quelqu'un heureux à ce point à cause du bonheur d'un autre.

Soudain, il s'exclama comme un enfant malicieux :

– Allez, ça se fête !
Champagne ce soir pour les princes de la terre !

J'en étais bouche bée. En aurais-je fini un jour d'être surpris par ce vieil homme ? Il était vraiment capable de tout. Avec lui, rien ne semblait impossible. Il passait d'une extrême réserve au plus grand enthousiasme avec une facilité déconcertante.

Il courut dans la grange, sautillant de joie, et revint avec une bouteille de champagne qu'il enfouit dans la neige devant la porte.

Du champagne à Sauveterre, vraiment, il y avait de quoi se pincer. C'est aussi courant qu'un whisky en pleine messe.

Il mit deux verres. Oh ! bien sûr, ce n'était pas des flûtes.

Il sortit le jambon, le pain, le fromage.

Eh bien, vous me croirez si vous le voulez. Certains soirs, chez César, on mange au champagne et le Plan est d'accord avec le programme.

Là où les deux contraires s'unissent,
là naît la Parole, le Verbe, le point où s'allume
la connaissance

Dialogues avec l'Ange

Chapitre 6

LE NOUVEAU COUPLE

Le lendemain, il devait être six heures quand j'ai entendu la porte se fermer. César partait déjà, il m'avait prévenu.

La veille, nous avions bu le fameux champagne, et nous avions beaucoup ri. Il pétillait de bonne humeur. On aurait dit un garnement effronté. Il poussa même l'audace jusqu'à m'imiter. César déguisé en Jacques, prenant mes attitudes, mes mimiques et ma façon de parler. Ah! le bougre, il m'avait bien observé. Il me caricaturait à gros traits, en train d'admirer béatement un vieillard sénile un peu saoul.

Et c'est vrai qu'il était un peu éméché, les petites bulles faisaient leur effet. Mais il le prenait bien, ne cherchant même pas à se cacher. Il eut cette jolie formule :

— C'est une bonne maladie : être grisé par la terre.
Mais l'Ivresse sans alcool, c'est la santé du ciel, et c'est gratuit.

Ensuite, nous sommes allés dormir, chacun dans une chambre. Sur la commode, en face de mon lit, il y avait un vieux portrait jauni. Une femme un peu raide ; était-ce la sienne ? Il n'en parlait jamais.

Je me suis levé d'un bond, vite habillé, espérant pouvoir le rattraper. En passant dans la cuisine, j'eus un sourire pour moi-même : ce matin, au diable le café !

C'est curieux quand on y pense, une décision ferme suffit. Et même l'indispensable café-deux-sucres-cigarette, on peut alors s'en passer.

Oui, mais c'était sans compter avec l'humour céleste. Et je suis tombé en arrêt devant la table. C'était un comble, César m'avait laissé un petit mot : « l'eau est au chaud, ce matin tu auras ton café ».

Ah ! Les mystères du plan et du programme, c'était comme un pied de nez me renvoyant à ma crise de la veille.

Alors, quel programme me donner ? Quel programme, sans m'enfermer ? Le chaudron dans la cheminée, mon bol et le vieux pot en fer... de la chicorée ! Tout me faisait de l'œil d'un air amusé, cherchant à me séduire pour que je choisisse de rester.

Ironie du sort ! N'était-ce pas en miniature le même conflit que la veille au sujet de mon séjour modifié ?
Bon, je prends mon temps. Au revoir César, je renonce à te rattraper.

Ce n'est pas si simple, et ce n'est pas tout de suite gagné. Car chacun de mes gestes témoignait de mon état partagé. Pour chaque acte, le rusé tentateur livrait combat à la raison. Allez ! dépêche-toi, tu peux encore le rejoindre.

Non, ne te précipite pas, déguste la chaleur de ia chicorée.

Mais laisse donc tout dans l'évier, il s'éloigne.

Non, il faut tout ranger, si tu veux être aimé.

C'est incroyable ce que l'on est capable d'inventer. Allez-y voir vous-mêmes. Dans ces moments-là le moindre détail est un champ de bataille, balance inexorable entre le plan et le programme. Mais qui connaît le plan ? Au fond, seule la crispation, l'amertume nous avertit du divorce. Quel fantastique message si l'on sait jouer.

Soudain, il n'y eut plus rien. L'Ange avait-il triomphé du mauvais génie ? Toujours est-il qu'une odeur triomphante de café a séduit mes narines. J'ai même pris du fromage et du pain et je me suis installé confortablement.

En tirant la porte, après avoir tout rangé, j'étais fier de moi. On se sent bien, on est heureux en cachette, on est content de son propre nom, et ce n'est pas si fréquent.

Allez, au diable César, il me faut rentrer. En plus, il est de ceux qui marchent plus vite à pas lents que moi en courant. Alors, c'est tout dire !

Il y avait peut-être une heure et demie que je marchais. La neige, à cause de la couche fraîche de la nuit, était plus épaisse que la veille et craquait sous mes pas.

Brusquement, derrière moi, il y eut un bruit. Et en me retournant j'ai aperçu deux hommes qui approchaient.

A n'en point douter, l'un d'eux était César, impossible de me tromper. Il avait dû faire un détour avant d'aller au village, rejoindre son compagnon. Mais qui était l'autre ?

C'était un comble quand même, un nouveau coup de l'humour divin. J'avais choisi un programme, écartant une solution, et voilà que le plan m'offrait celle-ci gratuitement.

Décidément, je n'avais aucune raison de me presser. Avouez que c'est drôle !

En arrivant à ma hauteur, ils me saluèrent. César me présenta Antoine, un homme de mon âge approchant la quarantaine. Mais que faisaient-ils ensemble ? Où allaient-ils ? Allais-je connaître la raison de mon séjour gâché ?

Il n'y avait pas dix mètres que nous marchions, que déjà Antoine peut-être trop sensible au silence, chercha à le rompre en m'expliquant sa présence à nos côtés.

J'ai écouté, avec le sérieux de quelqu'un qui a dépassé tout cela. Feignant un détachement exemplaire, et un intérêt distant pour ce qui arrivait à cet homme.

Tiens ! mon œil ! Dedans j'étais curieux comme une chatte. Je voulais en savoir plus, puisque César n'avait pas daigné me l'expliquer.

D'ailleurs, le vieil homme eut même un petit sourire en observant la scène, se rappelant sans doute le drame que cela avait provoqué. Mes hochements de tête pleins de compréhension ne le trompaient pas. Il s'amusait comme un petit fou.

Ainsi, ils allaient au village, voir le banquier. Antoine avait des dettes, son exploitation agricole n'avait pas marché cette année. Il risquait gros : la saisie, les huissiers. Et pour sa femme et ses enfants c'était un drame, tout foutait le camp, même sa dignité d'homme.

César était son ami, aussi lui avait-il demandé de l'aider.

En une seconde, toute ma grandeur d'âme s'envola en fumée. Ce fut une irrésistible nausée : « Il ne leur faudra pas deux jours pour régler cette affaire ! Pourquoi avoir tout bouleversé ! »

Et voilà, quand on joue au grand, on fume une cigarette, et puis on tousse. Parce qu'au fond on est encore tout petit, culotte courte, le nez dans la poussière.

Au diable Antoine, César et leurs problèmes, il n'y avait plus que moi qui comptais : moi, moi, et moi.

Oui, oui, on en est capable. J'étais jaloux, César me trahissait. Je n'étais plus fils unique, j'avais un encombrant petit frère. Et même si je comprenais leurs motifs, je n'avais pas envie de comprendre. Voilà, c'est tout !

César dut sentir que je m'étranglais sur place. Et c'est avec force qu'il intervint :

– Qu'est-ce qui est important ?
Jacques et sa visite, ou Antoine et l'argent ?
César ne sait pas, mais il y en a un qui peut attendre.

J'étais le nez dans mes chaussures, assommé par cette évidence, impressionné par la force du vieil homme.

On est bizarrement fait dans nos amours, on recommence toujours. Le décor change, mais c'est sans cesse la même pièce : papa-maman en tout, et la trahison à chaque instant.

Alors on ne vit plus rien, on est mort sur pied, Don Quichotte se battant contre des moulins à vent.

D'un coup, « on se quitte » et il n'y a pas moyen de se retrouver. C'est là que tout se joue, c'est là que César avait à m'apprendre.

Antoine n'ayant pas compris ce qui se passait, continuait sa route, accablé par son problème.

César posa la main sur mon épaule, en aparté il me glissa :

— L'argent, c'est une bête à dompter ; sauvage, il te possède, domestiqué, il te sert.

Le secret de son service c'est chaque centime à SA place.

Aujourd'hui c'est l'argent d'Antoine, hier c'était le café de Jacques.

Mon ami, César apprend chaque jour à travers vous.

Connais-tu un homme qui refuse de manger quand il a faim ?

Cela m'apaisa totalement ; je mesurais à quel point César vivait tout comme un jeu divin, une nourriture céleste. Chaque chose le passionnait comme une énigme à résoudre, celle d'Antoine, celle de Jacques, et de bien d'autres encore certainement.

C'était intéressant, ce bon paysan qui vouait à César une admiration sans bornes. Voilà que moi aussi, Antoine m'attirait.

Était-ce le monde des énigmes qui me gagnait ?

Il fallait bien qu'il ait senti quelque chose chez le vieil homme, avec ces « monsieur César » par-ci, et ces « monsieur César » par-là.

Si vous aviez vu comme il lui parlait, comme il le regardait !

On aurait dit qu'il s'adressait à Dieu le père en personne.

Vous savez, dans les campagnes, on écoute le vieux, le pur et dur. Celui qu'on respecte en silence, pointilleux sur l'heure du repas, exigeant à la tâche, à table les mains propres.

Celui que l'on aime et que l'on craint à la fois, parce qu'il est au centre, AU MILIEU, et que ça vit par lui.

Pour Antoine, c'était César, on aurait dit qu'il parlait à une pyramide. Sachant qu'en face du vieux magicien, il fallait être un homme.

Quelle leçon cette différence entre nous : un Antoine qui sent, qui aime comme un enfant ; et un Jacques qui trop souvent explique.

Lequel de nous deux était à envier ?

La neige accumulée sur une branche tomba soudain juste devant nous. Tout l'arbre sembla alors s'ébrouer, se défaisant en cascade de son fardeau blanc. En un instant notre route fut barrée.

César s'arrêta net, semblant interpellé par l'événement.

Il suffisait pourtant de contourner l'obstacle, et de suivre pendant quelques mètres le sentier voisin.

Mais César ne bougeait pas, les yeux fixés sur le tas de neige.

Je commençais à être surpris qu'il accorde tant d'importance à ce petit problème. Sans même se retourner vers nous, le vieil homme s'exclama d'une voix forte :

– Qui nous détourne ainsi de notre chemin ?
Qui parle en changeant notre programme ?

Je fus saisi par la présence divine, saisi par ce détail anodin réveillant brusquement les agissements du Plan.

L'image était puissante ; n'avais-je pas moi-même refusé de changer de route quelques instants auparavant ?

Antoine n'était-il pas semblable à ce tas de neige, et au lieu de le contourner, n'avais-je pas tenté de le nier ?

Je me demande si nos vies ne sont pas remplies de beaux programmes, à l'image de ce sentier étroit ?

Oui, c'est ça! Et nous tapons des pieds chaque fois que quelque chose vient nous en détourner.

Les yeux rivés sur l'obstacle, je me trouvais en face d'un miroir partageant avec César ses reflets de lumière.

Antoine, lui, était figé. Sa pyramide devenait un volcan incompréhensible. On aurait dit un enfant, un bel étonné. Il s'en moquait de ne pas comprendre, il ne le savait même pas. Mais il sentait la musique d'ailleurs. A sa manière, il participait, avec de petits grognements approbateurs.

César, les yeux fixés sur la neige, murmura doucement comme à lui-même :

— L'enfant a besoin de sa mère,
le mari de sa femme,
et l'homme d'un ami.
Mais le vieillard tout seul, qui le nourrit ?
Sinon LUI, mystère de la branche qui parle.

Il y eut un silence où il était interdit de bouger. Même les arbres s'étaient immobilisés. Puis César reprit encore plus bas, comme s'il était le seul concerné :

— Avec la mort qui approche, c'est le dernier couple qui s'accomplit.
En perdant TOUT, c'est LUI qui vient.
Les autres couples ne sont que préparation.

En se tournant vers moi, il me fouilla d'un regard comme pour mesurer si je suivais. Il dut être rassuré, car il ajouta :

— Cherche toujours le nouveau couple, même dans ceux qui le préparent.

Antoine nous sortit de cette ambiance complice avec brutalité. Sa maladresse était touchante et j'en fus enchanté.

– Alors ça, c'est bien vrai, Monsieur César, qu'est-ce que c'est beau ce que vous dites !

Figurez-vous cet homme, cet Antoine, eh bien, il pleurait. On ne parle pas de la mort dans les campagnes, c'est sacré. On la vit dans les alcôves, avec les héritiers. Alors le couple, c'est encore pire ! Sujet tabou, on s'en sort comme on peut, un point c'est tout.

A n'en point douter, parler ainsi, c'était de la vitamine pour lui. D'ailleurs il s'écria :

– Sauf mon respect, Monsieur César, on y va. Je sens que ça va marcher.

Il était regonflé, la contagion avait fait son effet sur lui aussi. Alors nous avons contourné la neige, comme d'autres s'agenouillent en passant devant l'autel.

J'avais laissé ma voiture à la côte fleurie, ainsi nommée dans le pays. En guise de fleurs, c'était boueux. Le chasse-neige venait juste de passer.

Nous nous sommes quittés tendrement, avec la sobriété de ceux qui évitent les interminables séparations. Il y eut quelque chose avec Antoine, nous nous acceptions enfin. Il m'invita même à lui rendre visite lors de mon prochain passage.

César en m'embrassant, me glissa à l'oreille :

– Sois VIVANT, sans moi. LUI, il est partout,
et c'est gratuit.
Tu peux revenir quand tu veux.

Sois attentive !
Il y a un miroir merveilleux en toi,
il révèle tout.
Il repose en toi, et c'est lui qu'il reflète.
Mais seulement s'il y a silence.
Un petit moustique s'y pose
et brouille le miroir.

Dialogues avec l'Ange

Chapitre 7

MIROIR, QUE VOIS-TU ?

Durant les deux mois qui suivirent, chacun de mes petits problèmes provoqua un échange de lettres.

Oh, rien d'exceptionnel ! Aucun péril en la demeure, tout au plus quelques tracasseries ordinaires dont j'avais la ferme intention de me débarrasser.

Depuis mon épisode avec Antoine, une chose m'était apparue évidente : on s'empoisonne la vie non pas par de grands drames, mais par mille détails mal digérés.

On passe d'un rendez-vous manqué à la facture impayée ; puis on saute au ménage pas fait pour se retrouver dans la voiture qui ne démarre pas. A croire que cela nous manque de ne pas souffrir !

Je ne pus m'empêcher d'observer cette accumulation quotidienne de tourments infimes, juste pour avoir le droit à l'agacement. Non, décidément c'en était trop ! Il fallait y remédier et aucune victoire, aussi minime soit-elle, ne serait à négliger.

Et puis d'abord, il vaut mieux commencer par ce qui est à notre portée, c'est une question de stratégie. Une petite victoire n'est-elle pas préférable à un grand échec ?

Je m'étais résolu à tout noter, cherchant à débusquer tous les agacements que je pourrais contourner.

Ce fut ma période : « yoga-des-mini-emmerdements », où César me conseilla par petites touches discrètes, usant d'une patience à toute épreuve devant mes erreurs répétées.

Pourtant, quel bonheur de constater peu à peu ma transformation concrète dans certaines situations. Au moins, ce n'était pas de la littérature, mais un jeu implacable de reflets dans le grand miroir.

Soudain, ce fut évident : là, sur le trottoir, je passais mon temps à chercher à plaire, m'ingéniant à affirmer ma propre gloire. A peine étais-je assis quelque part que déjà j'établissais mes plans, cherchant les repères.

Ça alors ! quelle énergie cela me demandait !

Le comble, c'était hier soir. Une petite réunion entre amis. J'avais passé toute une partie de la nuit à convaincre l'assistance du bien-fondé de mes idées. Résultat : pendant que les autres dansaient, je m'étais retrouvé incompris au milieu d'un petit cercle qui se demandait si j'avais bien tous mes esprits.

Partout où j'allais, c'était finalement la même chose. En cherchant à plaire, à briller, j'indisposais les gens au point qu'ils finissaient par m'éviter. Et bien sûr, plus j'étais rejeté, plus je m'accrochais au moindre sujet pour essayer d'exister.

Vers la fin de la soirée, ce fut l'apothéose. Une petite brune mignonne à croquer n'avait d'yeux que pour moi. L'issue semblait acquise. Devant un dernier verre j'ai donc entrepris de lui plaire. La poésie, la philosophie, la spiritualité, tout y passa, tout mon arsenal tape-à-l'œil, jusqu'au moment où, lasse, elle me lança : « Tu es saoulant avec tes histoires, allez, bonsoir, je vais me coucher. »

Pas de doute, c'est en cherchant à leur plaire que je les perds. Quelque chose ne tournait pas rond, il fallait que j'en parle à César.

La réponse ne se fit pas attendre :

– Si tu trouves leur beauté, ils rencontreront la tienne. Et si tu les écoutes, ils croiront que tu as parlé.

Cette lettre résonna en moi de plein fouet, m'imposant le pressentiment d'un nouveau Jacques. Quant à la mise en pratique ce fut une autre paire de manches.

Combien de fois me suis-je surpris à recommencer !

Malgré toute ma bonne volonté, je ne parvenais pas à passer du Jacques beau parleur au Jacques silencieux, comme ça, du jour au lendemain.

Peu à peu cependant mon acuité s'aiguisait et je découvrais de plus en plus tôt mon petit manège : celui de « l'affamé d'amour », comme je l'appelais. Cela eut pour effet de réellement me transformer.

Pas besoin de voyage en Amazonie ou dans le Sahara pour vivre l'aventure. Mon désert à moi, ma jungle personnelle commençait à chaque rencontre.

Alors le miracle se produisit : à mon contact des gens éteints se mettaient à rayonner soudain, uniquement parce que je les avais écoutés.

Mieux encore, parce que je les trouvais beaux et passionnants, ils m'accordaient en retour une attention sincère que jamais auparavant je n'aurais obtenue.

Ça alors, le silence attentif d'un regard qui comprend

remplace vraiment mille mots. Et comme il est plus confortable de se taire que de se battre inlassablement avec des phrases, juste pour plaire.

César devait se régaler, là-bas à Sauveterre. A distance il assistait à tous mes déboires, m'aidant à traverser la forêt vierge d'un quotidien semé d'embûches.

Après Jacques-le-beau-parleur, il y eut Jacques-le-susceptible, puis Jacques-le-meilleur, il y eut aussi le gentil-toutou-Jacques, trop gentil pour être honnête, et Jacques-le-toujours-malade, préférant prendre de la température plutôt que de donner un baiser.

Quelle période, mes amis !

Même si c'est écrit partout, il n'y a que celui qui l'a vécu qui peut vraiment savoir ce qu'est le jeu du miroir.

Vers la fin de cette époque, César m'envoya une de ces courtes lettres dont il avait le secret :

– Écoute le Jeu.
Si tu demandes : miroir suis-je le plus beau ?
Bien sûr, il répondra que non.
Mais ne sois pas bête.

Si tu es vu, alors tu n'as plus à te cacher.
Au lieu de paraître, enfin tu peux exister.
Toi seul y auras gagné.

César.

Deuxième partie

LES CENT JOURS
DE THÉRÈSE

Retenir la force,
c'est la cause de toutes les maladies.
Que cela soit pour vous un enseignement
et non un fardeau qui vous rabaisse.

Dialogues avec l'Ange

Chapitre 8

LE PRIVILÈGE DU CANCEREUX

Durant deux mois, César me conseilla ainsi, avec ses mots moitié silence. Et de détail en détail ma vie s'apaisa.

Un matin, ce fut plus grave. Une amie m'avait téléphoné, elle voulait me voir à tout prix et sans plus tarder.

Thérèse était médecin, je l'avais connue il y a quelques années. Elle venait d'apprendre sa mort prochaine, d'un cancer presque à sa fin.

Terrible nouvelle, j'en étais bouleversé. Elle était si jeune et si belle, petite brune aux yeux verts. Qu'avait-elle à comprendre avec cette impitoyable épreuve ?

J'avais décidé de l'aider, au moins en ce qui concerne les démarches administratives ; tous ces papiers à remplir quand une vie bascule. Vous imaginez !

Ce ne fut pas simple, cet affrontement à l'inhumain.

Personne n'a mesuré le ridicule des formulaires à remplir quand c'est de la fin qu'il s'agit.

Forcément, elle change de vie, monsieur le préposé, puisqu'elle va mourir. La retraite, les cotisations en tous genres, les alinéas spéciaux « en cas de décès » et j'en oublie... indélicatesses sur indélicatesses. N'avait-elle pas d'autres choses à penser ?

Pourtant, il leur fallait des preuves, dossiers après dossiers, des experts, des visites, des heures d'attente. On n'a pas le droit de mourir comme ça, en pleine vie : on est, par définition, suspect. Des fois que l'on essaierait de se faire mettre en maladie ! Non, vraiment, c'est à devenir fou.

Thérèse était perdue, elle se noyait à tout préparer, à tout prévoir. Mon Dieu, quel courage d'organiser l'après-mort, quand c'est la sienne. Et puis, elle avait si mal vécu que peu à peu des regrets l'envahissaient.

Pensez un peu, elle était née dans une famille austère, genre vieille France protestante des Cévennes. Elle avait poursuivi ses études, appliquée, dans la terreur des mauvais résultats. Heureusement, elle était brillante, ce qui lui permit d'entrer en faculté, celle de médecine, à Montpellier.

Mais il fallait travailler encore ; les amusements, on verrait plus tard. Alors elle fit une spécialité : gynécologie.

Un jour, elle eut trente deux-ans, juste en sortant de l'école, et un premier amant, juste pour lui faire des enfants. En guise de virage et d'aventure, ce fut la continuité terne et besogneuse.

Sort-on un jour de nos modèles ? Elle avait troqué ses parents contre un mari, mais c'était les mêmes soirées et les mêmes interminables dimanches.

Lui, il était magistrat, ou quelque chose comme ça. Il était aussi gris que le palais de justice qu'il arpentait. Bien sûr, il était gentil, bon garçon, mais sans vie – popote, quoi !

Ils eurent quatre enfants, il faut bien s'occuper.
Mais jamais, jamais ils ne sortaient, le genre de vie : bel appartement, vacances à la campagne et l'horrible train-train quotidien.

C'est tout juste s'ils allaient au restaurant une fois par an. Même le cinéma, cela ne se faisait pas. Alors le reste, les bringues, le rire, les voyages, vous n'y pensez pas !

L'argent, ils en avaient, mais c'était pour les vieux jours. Oui, mais voilà, les vieux jours, il n'y en aurait pas.

Six mois au plus, avait dit le médecin. On est là, debout, on écoute k.o. Il faut faire quelque chose, mais on n'a plus de goût à rien, plus d'espoir... et puis peu à peu cela revient.

Comme elle dit, sous le choc on est désespéré, pétrifié sur place. Mais on attrape mal aux pieds, immobile. Alors on bouge, et la vie nous reprend.

Elle s'était assise dans mon salon. J'étais loin de savoir ce qui allait m'arriver. Et puis, qu'est-ce qu'il faut dire dans ces moments-là ?
Vous le savez, vous ?
C'est César qu'il aurait fallu, pas moi. Je voyais qu'il se préparait quelque chose, mais quoi ?

Elle était agitée, ne tenant plus en place. Je ne l'avais jamais vue comme cela. Je crois bien que dans sa situation, j'aurais été abattu. Elle, non ! et c'est ce qui me troublait.

Elle me raconta sa vie. C'est sûr, dans ces instants, on fait le point. Comme c'est terrible tous ces mots-vitriol, sans concession, sans pudeur. On déballe tout au grand jour et on trie, pendant que la conscience chemine.

On parle et on se voit, je pose tout et je retiens un. Et l'on parle encore pour se voir plus loin.

On n'a pas l'habitude d'entendre les gens se livrer à ce point. D'ailleurs je n'aurais pas bougé pour tout l'or du monde, de peur de me faire remarquer et qu'elle me demande un avis.

Terrible monologue sans cesse relancé, psychanalyse accélérée, comme dans ces vieux films muets où tout le monde court plus vite que nature. Cela défilait à grandes enjambées, tantôt elle pleurait, tantôt elle riait.

Si bien que j'avais résolu de garder une certaine distance, pour ne pas être à contre-temps.

C'est étonnant comme l'approche de la mort fait porter un autre regard sur notre vie. D'accord, c'est une évidence ! Mais moi qui connaissais Thérèse, je la voyais changer à vue d'œil, se réveillant à elle-même de phrase en phrase. A la lumière de sa fin prochaine, toute sa vie s'éclairait sous un angle différent, impossible de mentir.

Jamais, au grand jamais, je n'aurais osé lui dire ce qu'elle était en train de découvrir toute seule.

J'eus de la tendresse pour Thérèse. Mais j'étais démuni. Alors je me suis rapproché d'elle en silence, lui prenant doucement la main.

A part ça, ma vie était tranquille, mais cela n'allait pas durer.

En une seconde, elle m'annonça : la rupture avec son mari et... son désir de vivre chez moi, si cela ne me gênait pas. On ne peut pas dire qu'elle s'embarrassait de menus détails. Pouvais-je la blâmer ?

Mais quand même, je me sentais un peu piégé.

La proximité de la mort donne VRAIMENT des privilèges, et croyez-moi, cela bouscule les « vivants ».

C'est curieux ce courage, cette force de décision, capable de tout perdre pour commencer à vivre. Cela ne lui ressemblait pas. C'est terrible à dire, mais j'en arrivais à l'envier.

Après tout, qui est sûr qu'il ne va pas mourir demain ?

On devrait pouvoir, à chaque instant, prendre nos décisions dans cette perspective-là.

Il fallait que je me prépare, que je m'attende à tout avec elle. Thérèse était sur un autre registre, sorte d'accélérateur de particules, qui lui donnait une intensité brûlante.

Passées mes premières émotions, alors que j'étais en train de mettre de l'ordre dans mes idées et de prévoir les problèmes qui allaient se poser, elle se tourna vers moi, et m'embrassa. Oh ! pas le mimi-copain, mais le baiser farouche, de ceux qui n'ont plus de temps à perdre. Thérèse était affamée, et son baiser le disait.

Alors là, c'était le bouquet ! l'avenir s'annonçait bien. Dans quel guêpier étais-je allé me fourrer ? Avait-elle mal interprété les intentions de ma main ? Avait-elle tout mijoté pour en finir avec son passé ?

Elle allait mourir, elle, pas moi. Son monde n'était pas le mien, son urgence me concernait à peine.

D'accord, il faut apprendre mais quand même, quel prix !

Elle voulait vivre, vivre ENFIN, sa mort la portait, la poussait à nourrir ses faims.

En une seconde, j'eus l'impression d'être avec César. Tiens, je l'avais oublié ! D'ailleurs, quelle différence ? A sa manière, elle était en train de m'élever, me tirant de force à cause de sa mort prochaine. Même le vieil homme n'aurait jamais osé.

C'est sûr, j'ai succombé. Elle m'a pris, ensorcelé, tellement elle brûlait de toute part, contagieuse d'une passion à la vie à la mort. Non, vraiment, ce n'était pas pour rire, elle voulait aimer, se donner, dans la démesure de ce qui lui avait manqué. Elle n'avait plus le temps, il lui fallait des sommets.

Et je l'ai aimée.

D'ailleurs, nous nous complétions à merveille. J'avais bien vécu, elle, pas. J'étais fait de libertés sans entraves, elle était imprégnée d'engagements que l'on respecte.
Bref, elle était la force qui me manquait, et j'étais les idées folles qu'elle ignorait. Quel couple !

C'était une furie, puisant dans mon imagination de quoi la nourrir. Loin de la désespérer, sa mort l'exaltait, gourmande par tous les sens. Elle s'enivrait de tout, comme César, je vous dis !

A cent à l'heure, insatiable et malhabile à la fois.

Découvrir à son âge, ce dont on a toujours eu peur, quel pari ! Parfois même toute une vie ne suffit pas.

Décidément, c'est affreux à dire, quel privilège, cette maladie incurable !

Elle voulait sortir, et sortir encore. Elle voulait que je la caresse des heures entières, que nous partions en voyage, et puis les bons restaurants. Elle voulait faire l'amour, voilà, c'est dit, avec tout et avec moi. C'était Alice aux pays des merveilles, avec ses grands yeux ouverts et son plaisir partout.

C'est vrai, elle me fit mesurer que ma vie, je ne l'avais pas goûtée. Personne avant elle ne m'avait entraîné si loin dans l'exploration de mes propres qualités.

A ce jeu-là, elle apprit vite, croyez-moi. Quand on n'a plus le temps de tricher, tantôt on perd, tantôt on gagne, mais c'est toujours une victoire.

Les idées les plus folles l'enthousiasmaient. Durant deux mois, ce fut un safari dans une savane quotidienne où nous avons beaucoup ri.

J'avais pourtant vécu, mais je crois bien que je n'avais rien vu.

A certains moments, je me demandais même si elle allait vraiment mourir, j'en oubliais sa maladie. C'était fou, fou, fou tant de vie.

Par l'intermédiaire de sa mort je goûtais à des frissons d'un autre ordre. Nous visitions le monde grâce à ses yeux avides. Moi qui croyais avoir rencontré en César un éclaireur de l'homme de demain, je m'apercevais que Thérèse devait être sa sœur jumelle : avec son cancer en bandoulière, elle vivait tout autant le présent.

Thérèse comme César avait un secret, un immense cadeau que sa fin lui offrait : vivre avec la proximité de sa mort, mais vivre... VRAIMENT.

Le poids ne doit plus vous peser.
Le poids attire vers le bas
et il ne vous est plus permis de vous enfoncer.
Quiconque est juste par contrainte
est esclave.
Ne soyez pas esclave !
Seule la liberté doit être votre air.
Tranchez là où l'esclavage agit en vous !
Défense d'agir par contrainte.

Dialogues avec l'Ange

Chapitre 9

LE POIDS DES VIVANTS

Cela dura deux mois, nous étions fin mars. Deux mois durant lesquels notre folle équipée ne sut rien se refuser. Elle avait faim et soif, il y avait de quoi. Peu à peu, elle fut rassasiée.

La maladie gagnait du terrain. Pendant ce temps, pour la famille, c'était la désolation. On n'abandonne pas comme ça toute une vie, cela ne se fait pas, surtout à la veille de mourir !

L'ennemi avait perdu une bataille, mais pas la guerre. Il rassemblait ses forces pour passer à l'offensive. D'accord, elle leur avait échappé ! Mais il allait remettre bon ordre.

Parents, amis, mari, tous unanimes dénonçaient l'imposture, que dis-je l'affront, la trahison d'un tel comportement de dépravée. A coup de chantages, de pressions en tous genres, jusque dans mon travail, ils montèrent à l'assaut.

« D'abord, qui est cet écervelé qui a tourné la tête à notre petite Thérèse ? » semblait répéter sans cesse le chœur des assaillants.

« Il en veut à son argent » surenchérissaient d'autres, « C'est un pervers, il est dans une secte », suggérait même la tante des Charentes.

Thérèse résistait vaillamment, mais son euphorie émoussée et sa maladie plus pressante la rendaient plus sensible aux arguments adverses.
Elle aurait bien aimé ne plus les blesser, qu'ils comprennent. N'allait-elle pas mourir ? Maintenant, il y avait la vie qu'elle ne voulait plus laisser.

En fait, par sa mort, Thérèse était en train de naître à la seule vraie conquête : SON individualité, SES envies, SES goûts et dégoûts. Elle quittait par là-même la tribu, le clan. Fallait-il renier la famille pour autant ?

Quel dilemme cornélien, pour une fin de vie ! Elle devait choisir entre vivre son bonheur à fond, ou bien offrir à ceux qu'elle aimait, sa mort avant la Mort et rentrer dans les rangs.

La tension montait jour après jour. On sentait bien qu'à chaque instant cela pouvait exploser. Les violences les plus extrêmes étaient à redouter : le suicide du mari, l'infarctus du père.
Savez-vous, on s'use, cela finit par tout gâcher. La vie à un tel prix, c'est cher payé.

Je craignais qu'un jour elle ne choisisse la mort. Comme ça, un soir, elle irait se coucher, débranchant les circuits intérieurs, et elle s'éteindrait en douceur. Mais non, elle tenait bon, parant tous les coups un à un, tel un chevalier sur les remparts.

Parfois, la vie folle la reprenait, mais de plus en plus rarement.

Était-ce par réaction ?

Assurément, c'en était fini des privilèges de la mort. C'était une nouvelle étape, celle de l'héroïsme, oserais-je dire. Curieux destin : il lui fallait maintenant accepter son passé en crise, protéger les soi-disant vivants ! Malgré sa maladie elle devait avant tout penser aux autres, soigner les plaies de ceux qui étaient en bonne santé, au lieu de s'attendrir sur ses propres petits bobos. On croit rêver, n'est-ce pas ?

Ah ! la mort, quel impitoyable juge qui ordonne de vivre au présent sans pour cela renier le passé.

Heureusement notre amour la portait, notre connivence la stimulait. J'étais prêt à tout – l'étais-je vraiment ? – pour ne pas être un poids supplémentaire.

Tant de haine et d'incompréhension portées sur ma personne !

Je vous assure, parfois c'en est décourageant, voire même révoltant.

Après tout, que venais-je faire dans cette histoire ?

Était-ce ma faute à moi, si elle allait mourir ?

Je me sentais injustement accusé, sans espoir de m'expliquer.

En désespoir de cause j'ai voulu qu'elle se rapproche d'eux.

En fait, je leur prêtais ma Thérèse, mais il faut bien le dire : pour me soulager.

Elle en revenait défaite, meurtrie dans l'âme, me racontant une famille qui la rejetait par tous ses pores.

Elle ne correspondait plus au clan : là était toute leur souffrance.

Même ses enfants s'éloignaient d'elle maintenant,

sorte de chantage subtil que le clan exerçait savamment. Parfois ils pleuraient, s'accrochant à ses vêtements pour qu'elle reste. Parfois ils lui étaient enlevés, sous prétexte de ne pas les faire souffrir.

A ce jeu, il fallait être fort, comme si la mort après lui avoir fait visiter la terre, lui proposait maintenant les hommes.

Heureusement sa maladie l'aidait. Mieux que moi, elle savait les limites à ne pas dépasser.

D'un côté cette contrée intime où elle ne devait pas abdiquer ses propres valeurs. De l'autre, cette exigence à ne pas perdre les siens.

C'est terrible à dire, plus que la mort de Thérèse, ce qui blessait ses proches, c'était sa nouvelle vie, ses nouveaux yeux sur le monde, dénonçant l'ordre qu'on lui avait appris.

Dès lors, chacun de ses actes devint leur condamnation, terrible retour de manivelle d'un impitoyable destin.

Aujourd'hui, j'en suis sûr, sa mort a dû les soulager.

Aujourd'hui, je l'espère, elle est morte AUSSI pour eux.

Mi-avril, il y eut un répit. Thérèse suivait régulièrement son traitement : toutes les trois semaines une chimiothérapie. Il lui fallait huit jours pour s'en remettre.

C'était dur, vous savez, ce petit corps mutilé, brûlé de toutes parts.

Peu à peu elle perdit ses cheveux et son foie ne supporta plus le choc.

Sa faiblesse, au lieu de calmer les choses, permit à l'adversaire de se sentir plus fort.

Il leur arrivait même, en pleine période de vomissements, juste après la semaine de traitement, de venir la secouer, l'exhorter à plus de raison.

Alors elle se cacha, gémissant toute seule pendant de longues journées, à bout de force. Elle n'avait plus que des étrangers pour l'entourer. Je la rejoignais en cachette tantôt chez les uns, tantôt chez les autres.

Puis elle récupérait, et tout repartait. Oh ! bien sûr, il n'y avait plus de folies, elle s'était assagie.
Alors nous parlions de César, de César et de la vraie vie.

Sa mort lui donnait des ailes, elle sentait tout du premier coup.
Des soirées entières, blottie contre moi, elle me faisait raconter le vieil homme. Elle avait soif de détails, elle était déjà complice, et cela lui faisait du bien.

Je crois qu'elle vivait encore uniquement pour rencontrer César. Elle nous aimait tous les deux, partageant l'originalité de notre rencontre. Notre histoire lui plaisait, réchauffant son cœur. Il faut dire qu'autour, il faisait si froid, glaciation familiale, index pointé. Elle était fatiguée d'être injustement une honte aux yeux de tous.

Un soir, elle écrivit à César toutes ses interrogations, le sens de sa vie, de cette mort-gangrène. Elle n'y allait pas par quatre chemins. Elle voulait savoir. Le vieux sage était déjà son ami. Il serait au rendez-vous.

Je pris soin, en cachette, de rajouter une lettre, donnant à ma façon un résumé de la situation. J'avais peur de la blesser avec mes commentaires, mais il fallait bien que César sache, si nous voulions être aidés.

Une autre étape peu à peu s'installa. Après la période folies, puis l'héroïsme d'amour, elle n'eut plus faim de superflu. Les instants graves apparurent, de plus en plus fréquents.

Les petits événements devenaient dérisoires, seul l'Essentiel semblait encore retenir son attention.

Grâce à elle, je vécus une expérience intense. Ses yeux, désormais à la veille de s'éteindre, connaissaient la frontière secrète entre l'illusion qui nous éblouit et ce qui est.

Elle désignait à merveille la buée sur les choses qui trouble notre vue, la confusion des êtres et pourtant leur pureté au-dessous.

Nous parlions souvent de la mort, mais pas tristement. Je lui demandais de m'enseigner ses yeux précieux, ce qu'elle voyait, ce qu'elle comprenait.

Nous faisions de grandes promenades. Elle avait besoin d'espace et d'air frais. Nous parcourions la campagne mais aussi les villes, comme d'autres vont au spectacle.

Elle me montrait les gens avec leurs manies, et mille détails que seul un mourant peut voir parce qu'il va les perdre.

Elle était indulgente, mais sans pitié. Et ses commentaires me faisaient froid dans le dos, en soulignant un monde fou, un zoo humain, une jungle d'amours déçus.

« Gaspillage » était son mot, gaspillage de beauté, de sourire, de tendresse. Pourtant elle finissait toujours attendrie.

On aurait dit que le spectacle du monde lui enseignait la vraie miséricorde, quand il s'agit d'accorder aux autres le droit à la misère.

Aucun doute, elle se remplissait au-dedans de patience et d'amour.

Nous étions en mai, les premières chaleurs s'annonçaient. Pourquoi César ne répondait-il pas ? Qu'est-ce que cela pouvait bien signifier ?

Un matin, nous étions nus tous les deux, profitant du soleil qui rentrait par la baie vitrée. Son petit corps était couvert de cicatrices, d'ecchymoses, avec des bleus, des jaunes, des rouges, et sa tête chauve. Elle se nourrissait encore à la lumière.

C'est à peine si j'osais la regarder, de peur qu'elle ne surprenne mon œil attristé. Son pauvre corps la quittait déjà, il avait été si beau. Que lui restait-il ?

On sonna à la porte. C'était le facteur nous apportant un télégramme... de César.

– Cherche l'autre Beauté
non pas leur plaire au-dehors
mais LUI plaire au-dedans.

César.

Toutes les réponses en trois lignes, c'était bien du César ! Et c'est vrai, Thérèse n'était plus une belle femme, elle ne pourrait plus séduire ainsi. Et c'est encore vrai, elle n'était plus une bonne fille, une bonne épouse, elle ne pourrait plus aimer de la sorte. Il lui restait l'autre beauté, l'autre filiation : celle du dedans, celle qui touche et séduit autrement.

Thérèse ne fit aucun commentaire, visiblement sous le choc d'un tel commandement. La nuit durant, elle ne cessa de se lever, passant de longs moments en silence dans le noir de la salle à manger.

Je vous parle de la mort, de l'aide par excellence.
Ne crains pas la mort, elle n'existe pas.
Si tu agis avec moi, tu ignores la mort.
Prends garde, ce que je viens de dire est grave.
La certitude de la mort est le stimulant des faibles,
mais toi tu n'es plus faible.
N'agis pas sous l'impulsion que ton temps est court.

Dialogues avec l'Ange

Chapitre 10

SI L'UN MEURT, L'AUTRE VIT

Le lendemain matin, il y eut une atmosphère étrange au petit déjeuner. Elle semblait avoir quelque chose à me dire, tout en redoutant de me blesser. Au détour d'une tartine beurrée, elle me glissa entre deux bouchées :

– Tu sais, nous ne pourrons plus faire l'amour comme avant. Les quelques gouttes de sensualité qui me restent sont si précieuses que seule une sexualité sacrée pourra réveiller mon corps.
Si tu pars, je le comprendrai.
Pardonne-moi, je ne peux pas faire autrement.

En me reculant sur ma chaise, je ne pus m'empêcher d'éprouver une certaine admiration pour ce petit bout de femme. Bien sûr que depuis quelques semaines c'était un problème, mes désirs et sa chair meurtrie. On dit toujours que l'on pourrait s'en passer, mais les instincts vous rappellent à l'ordre, même si devant un tel corps, l'envie paraît de plus en plus difficile.

C'était presque un soulagement qu'elle m'ait parlé ainsi. Et ce qui commençait à devenir une épreuve se transforma en une passionnante aventure : une sexualité sacrée, vous savez ce que c'est, vous ?

Alors je me suis levé. En faisant le tour de la table, je vis qu'elle attendait ma réponse avec une certaine impatience. Je lui ai pris la main, l'entraînant contre moi, et nous nous sommes serrés l'un contre l'autre.

Après quelques secondes, je me suis approché de son oreille pour lui dire à voix basse :

– Apprends-moi la sexualité sacrée.

Soudain, entre nous deux, ce qui était en train de finir devint un commencement. Renversement des valeurs où l'acte d'amour au lieu de s'éteindre s'éclairait d'une ivresse nouvelle.

Et si la vieillesse, en nous faisant perdre la sexualité première, cherchait à nous éduquer naturellement vers une seconde, essentiellement sacrée ? La mort, la maladie, faisant ici office d'accélérateur.

Cette perspective nous enflamma ; mais par où commencer ? Le petit déjeuner dura trois heures... trois heures à se poser des questions sans trouver de grandes réponses.

Il nous faudrait attendre, aux aguets d'une autre intensité de la chair, surprendre l'avènement d'une nouvelle sensualité.

Cette fois, c'était une lettre de César adressée à Thérèse qui était dans la boîte, impossible de se tromper. En remontant quatre à quatre les escaliers, j'annonçai la bonne nouvelle. Elle était étendue sur le canapé, dans une grande lassitude, blême, se forçant à sourire.

Elle me fit une petite place, et vint se blottir contre moi.

Elle me demanda de lire, et ferma les yeux comme pour mieux savourer.

Sauveterre : le 6 mai.

Mon enfant

En toi, si l'un meurt, l'autre vit.
Parce que tu sais le lourd, tu peux partir légère.
Quitte-nous, tu n'es plus d'ici.
Ton corps n'est plus qu'une ombre, soulage-toi de lui.
Souffrances, douleurs, c'est la main qui s'accroche.
Tu as peur qu'il te manque, pourtant tu peux déjà t'en passer parce que si l'un meurt, l'autre vit.

Post-scriptum :
César ne sait rien sur la mort, mais il sait ce qu'il a dû laisser pour vivre. C'est toi qui vas lui apprendre, parce que son agonie est plus longue.
Je t'attends.

Thérèse eut un long silence, elle pleurait. J'étais à mille lieues d'elle et pourtant à côté. Mais la mort nous séparait. Etaient-ce les larmes, ou l'effet contagieux de César, toujours est-il que son visage avait repris des couleurs. Au bout de quelques instants elle eut ces simples mots :

– Jacques, c'est la première fois de ma vie que je suis HEUREUSE.

Dans ces moments-là, on ne triche pas. On ne dit pas ces phrases au hasard quand c'est de sa mort dont il est question.

Je mesurais soudain combien son bonheur était loin de tout ce que j'avais connu. Avais-je été heureux au moins une fois dans ma vie ? VRAIMENT heureux ?

On se réveille mal d'une telle révélation. Son bonheur à elle était si simple ! Elle respirait, elle vivait, elle approchait même de la joie de mourir, comme elle disait. César lui avait ouvert de nouvelles perspectives, qui la portaient.

Il fallait en convenir, à côté d'elle je n'étais pas vivant, seulement un remarquable acteur se racontant des histoires.

C'est fou, le nombre de choses qu'il nous faut pour être heureux. Là était toute la différence. Parce que à elle, il ne lui fallait rien.

Elle se leva, visiblement rétablie de son passage à vide. Etait-ce la lettre, ou bien la maladie qui lui accordait ce répit ? Elle était gracieuse, et même plaisante à voir malgré son extrême maigreur. Aucun doute : ce n'était pas au-dehors qu'elle me séduisait, mais au-dedans qu'elle m'attirait. N'était-ce pas là, le début d'une sensualité sacrée ?
    Quand on n'a pas seulement envie d'un corps, mais de ressembler à l'être qui l'habite.
    Quand ce n'est plus un sexe que l'on veut pénétrer, mais les secrets d'une âme.

Nous en avons parlé, constatant qu'il n'y a rien de plus puissant que quelqu'un qui n'a plus peur de sa mort.
    Ce n'est plus une affaire de corps, c'est ailleurs que «ça» fait l'amour, c'est ailleurs que «ça» désire, c'est ailleurs le plaisir.

Thérèse eut cette phrase d'une extrême lucidité :

– Tu m'aimes parce que je meurs, et moi je t'aime parce que tu vis. Chacun de nous aime chez l'autre la partie qui lui manque. Parce que si l'un meurt, l'autre vit. Parce que si l'un vit, l'autre meurt.

A la réflexion, je me demandais si elle n'avait vraiment plus peur de sa mort, et je lui en fis part. Elle balaya mon observation d'une courte phrase :

– Seulement par instants, ensuite la terre me reprend.

Devais-je comprendre que cela se grignote minute après minute, ou bien qu'il existe un état irréversible de non-peur ?

Elle me confia alors que César la nourrissait, ouvrant en elle d'autres canaux jusque-là inemployés. Elle me confia même que parfois c'était moi qui la portais vers cette contrée où la mort n'est plus à redouter. C'est un va et vient, disait-elle, selon que je consomme ma vie, ou qu'elle m'accable. Et je crois bien que la mort est douloureuse, exactement à la mesure de nos oublis de vivre.

Quelques jours plus tard, César me répondit dans une lettre à part. Par crainte de blesser Thérèse, je m'étais résolu à lire cette seconde lettre à l'écart.

Profitant d'un moment de solitude pendant sa sieste, j'ai donc ouvert mon courrier.

Sauveterre, le 8 mai.

Mon ami,

Thérèse n'est pas Jacques. Si l'un meurt, l'autre vit.
Et l'épreuve est aussi pour toi.
Elle ne part pas, c'est toi qui demeures.

Elle va au centre, et tu restes à la périphérie.
Qui des deux a besoin de réconfort ?

Chacun à votre mesure vous avez reçu.
Elle, le VIVANT et toi, la MORT.
C'est fait, laisse-la partir sans la retenir d'une larme.

Elle a trop porté contre elle-même.
Il lui fallait visiter la terre pour éviter la révolte de
son corps. Sa maladie, c'était avant. Le cancer sera sa
guérison.
Mais toi, mon Jacques, où es-tu enfermé ?
Un complot se trame, ton cancer vient.

Je t'attends avec elle.

César

En posant la lettre, j'ai eu peur. Il avait tapé en plein
dans le mille : « mon cancer qui vient ».
    Ne sommes-nous pas tous des cancéreux en puis-
sance ?
    Et ce n'est pas les poêles Tefal qu'il faut incriminer,
mais nos actes déplacés, nos vies étriquées, nos guerres
incessantes.

    Thérèse en se réveillant me trouva songeur. Plusieurs
fois elle me demanda si quelque chose n'allait pas. Je
lui fis lire la lettre, jugeant qu'il n'y avait rien de bles-
sant pour elle. Elle comprit immédiatement que sous
l'action de César, j'étais devant ma propre mort, à la
case départ.
    « Nous sommes à égalité, s'écria-t-elle, ton César est
un magicien, il te prépare à ma mort autant qu'à la
tienne. »

    Curieusement elle était réjouie, quelque part ma peur

de mourir me rapprochait d'elle. Quelque part nous étions un peu sur le même navire.

Le lendemain nous avions rendez-vous chez le médecin. Il parla d'opérer Thérèse une nouvelle fois, la maladie progressait. Il ne lui donna aucun espoir, d'ailleurs elle voulait savoir toute la vérité. Pour lui, cette opération la prolongerait d'un mois ou deux, pas plus. Il me prit à l'écart, m'annonçant qu'à la fin de l'été, ce serait fini.

Que fallait-il faire, aller voir César ou bien l'hôpital et un nouveau calvaire ? Elle seule pouvait décider. Une chose était sûre, il fallait faire vite dans les deux cas.

Elle préféra vivre ce qui lui restait, sur ses pieds. Et le plus longtemps possible rencontrer César.
Elle savait l'engrenage infernal du lit d'hôpital. Elle savait la porte et les longs couloirs blancs que l'on ne franchit que dans un seul sens.
Elle savait que si elle y entrait...

Elle préféra César, reculant l'échéance. Plus tard elle irait se coucher, mieux elle pourrait mourir.

Elle en était certaine, il y avait un dernier pétillement que seul le vieil homme pourrait lui offrir.
Elle préféra César, contre deux mois de vie.
Avec un tel prix à la clef, c'est sûr, elle allait le rencontrer...

Le petit germe ne soupçonne pas ce qu'il deviendra
en grandissant. Pourtant il se gonfle, il se tend
il s'efforce vers la lumière.
Ce qu'il deviendra en réalité dépend de l'intensité
de son effort.
Fais bien attention !
CELA DÉPEND DE L'INTENSITÉ DE L'EFFORT.

Dialogues avec l'Ange

Chapitre 11

A LA LIMITE : L'ILLIMITE

Le voyage fut difficile ; passe encore la voiture, mais la longue marche d'approche, c'était trop.

Thérèse s'accrochait, puisant dans ses dernières réserves.

Pourtant, le mois de mai faisait tout pour l'aider, tout pour la courtiser ; concert de senteurs sauvages, bain de couleurs pointues et même, dans le ciel, des rubans d'oiseaux.

Elle avait retardé de quatre jours son traitement à l'hôpital. Quant à l'opération, on verrait plus tard. Non, vraiment ce n'était pas brillant. Son corps frêle s'amaigrissait à vue d'œil, elle commençait même à se voûter. Et sous l'effort elle pâlissait encore, devenant livide, les lèvres pincées.

Une seule chose comptait : rencontrer César. C'était son arme absolue, repoussant la mort à plus tard.

D'ailleurs, je la sentais, cette détermination qui accompagnait ses pas : l'œil restait intact malgré l'essoufflement.

Pas de doute, l'ivresse en point de mire, cela vous réveille un mourant.

Contre toute logique médicale, les fonctions se surpassent et le corps presque mort est re-suscité vers le vivant.

Pourtant, mon Dieu qu'il fut lourd ce voyage ! J'en avais mal pour elle, doutant de mon projet. C'était par paliers : elle souffrait jusqu'à ses limites et puis soudain, l'illimité. Une sorte de second souffle qu'elle puisait je ne sais où, mais qui lui donnait pendant quelques instants des ailes.

On aurait dit une enfant dont je devais stimuler l'appétit :
Allez, encore une cuillère pour maman...
Allez, encore une colline et on y est...

Évidemment que je trichais, cela faisait bien une heure qu'il ne restait plus qu'un quart d'heure avant d'arriver. Chaque montée était la dernière, et derrière la prochaine forêt, on apercevrait Sauveterre.

Un moment, elle se fâcha, me reprochant les faux espoirs que je lui infligeais. Les mains dans les poches, campée solidement sur ses deux pieds, elle me foudroya du regard.

Devant mon étonnement de la voir soudain rétablie, comme si avec la colère, toute maladie avait disparu, elle se mit à rire, comprenant l'humour de la situation.

– Mais cette fois, c'est bien vrai. Là, regarde, en bas de la combe, le crépi jaune illuminé par le soleil, c'est Sauveterre.

En nous arrêtant pour souffler, nous avons senti la présence voisine de César. La contagion commençait déjà son œuvre.

Thérèse s'avança vers moi, elle était pâle, fatiguée. Elle me prit tendrement par le bras.

— Je t'aime, petit frère. Tu me bouscules, mais tu me fais vivre.

Alors que nous descendions la pente, César sortit de sa maison. En nous apercevant il fit de grands signes d'amitié. Oui, oui, j'ai bien dit « grands », ça ne lui ressemble pas pourtant.

Et ce n'est pas tout. Soudain il se mit à danser.

Impensable, non ! Je me suis même arrêté cherchant à mieux comprendre ce qu'il faisait. Pas de doute, il dansait, mains sur les hanches, à petits pas brodés il nous entonna une sorte de bourrée. Il devait bien siffler, mais nous étions trop loin pour l'entendre.

Quand allait-il finir de m'étonner ? C'était une nouvelle cuvée, le genre César-printanier.

J'en étais sûr, il faisait cela pour elle. Mais dans quel but, je n'en avais pas la moindre idée.

Thérèse fut instantanément conquise. Quant à moi, j'avais bonne mine de lui avoir parlé d'un vieil homme sobre et silencieux. Ah ! vraiment quel sorcier, séducteur imprévisible sachant manier les effets comme nul autre.

Avec lui, pas besoin de grands moyens, la fête, il sait faire : un pas de danse et voilà nos cœurs chavirés.

Il tournait sur lui-même, et tournait encore, balançant les pieds à droite puis à gauche. Un moment, il perdit presque l'équilibre. Mais il mima si bien sa maladresse, en devenant grotesque, que Thérèse en éclata de rire.

Qui m'aurait dit qu'un jour j'assisterais à un tel spectacle ? Une sorte de bouffon espiègle faisant sa cour à distance.

Il sifflait, le bougre, je vous l'avais bien dit.

Et ce qui ressemblait au départ à une bourrée se transforma peu à peu en une danse de la pluie par un Indien saoul.

Un peu inquiet, craignant que Thérèse ne soit déçue et le prenne pour un fou, je me suis tourné vers elle, prêt à lui expliquer. Mais je fus stoppé net : il avait déjà réussi, elle était méconnaissable.

Sa fatigue, sa maladie, allez hop ! envolées. Même son corps et sa démarche avaient changé. Elle avait du rouge aux joues et les yeux écarquillés ; le maquillage de la vie, un point c'est tout. C'est à peine si elle ne me poussait pas sur le petit chemin escarpé. Il l'avait conquise, envoûtée dans une tendre complicité.

Le contact était passé, je retrouvais « ma » Thérèse, celle de notre période de folies.

César continuait de danser en sifflant de plus en plus faux. Je venais de comprendre le miracle de ses quatre-vingts ans maladroits : elle s'était complètement donnée pour venir, il se donnait complètement pour l'accueillir. Message reçu, cela semblait vouloir dire.

Aujourd'hui, quand on me demande si César avait des pouvoirs, je réponds oui, un seul : la CONTAGION.

Alors nous nous sommes retrouvés tous les trois sifflant et dansant. Même les oiseaux se mirent à piailler de concert, au point que le vent n'eut plus son mot à dire.

Thérèse était saoule, ça c'est sûr. Mais saoule de bonheur, quelle transformation !

Décidément l'ivresse contient une vitamine secrète, comme si soudain tout s'écrivait en majuscules.

César chanta en patois, tout en continuant sa danse de l'ours instable. Et Thérèse fredonna pour l'accompagner.

J'étais le plus ridicule des trois, assurément, je me retenais de jouer, empêchant le naturel de s'exprimer.

C'est dans ces moments-là que l'on se découvre guindé, étriqué.

Entre eux, par contre, c'était déjà l'idylle : une douce entente spontanée, une commune envie de jouer et ils m'acceptaient spectateur-voyeur de leur rencontre.

Ils eurent des coups d'œil furtifs, de brefs touchers de mains et des effleurements câlins. Ils se jaugeaient, se mesurant l'un l'autre.

Ils s'évaluaient mutuellement authentiques.

César essoufflé, s'arrêta net, remontant son pantalon qui avait dû glisser. Il eut une moue espiègle, comme un collégien qui cherche à épater la classe. Il s'exclama :

– Voyez-vous, il n'y a qu'un remède pour toutes les maladies : c'est la Vie.

Matin, midi et soir, la danse de l'ours instable, voilà mon ordonnance !

Il fallait bien en convenir, après les épreuves des dernières semaines, par quelle santé étions-nous maintenant habités ?

Encore pour moi, passons, mais pour Thérèse, c'était criant de vérité. Même nos jambes ne sentaient plus la longue marche. D'ailleurs, pour danser ainsi, il fallait bien de nouveaux pieds.

N'était-ce pas les bottes de sept lieues, pour enjamber à ce point l'illimité ?

Alors, comme nous étions des géants, il se passa un événement si surprenant que la vie en fut soudain élevée : Thérèse enleva sa perruque. Elle apparut dans toute sa nudité intime, dans toute sa vérité crue.

C'était un aveu, celui d'un dépassement !

Sa tête chauve, sa maladie au grand jour lui donnaient une autre beauté, celle que César lui avait demandé de chercher.

Ces gestes-là, vous vous en doutez, c'est la langue du vieil homme, celle des rois et des reines. En un acte prendre parti pour la vie, exorciser la faiblesse, enterrer le gémissement : grâce à la mort, se redresser.

Message reçu, semblait dire à son tour Thérèse. Quel séjour cela allait être, si chacun de nous surenchérissait de la sorte !

Il fallait s'attendre à de l'intense, à un combat de titans, d'illimité en illimité.

Alors que nous allions rentrer, espérant un repos bien mérité, César s'arrêta sur le palier, plongeant ses yeux au centre de Thérèse, comme on prend un homme par le col de sa chemise.

— Mon père disait : ce n'est pas le champagne qui rend le malade heureux, mais le sens de la fête que contient cette boisson.

Mon enfant, chaque instant ça pétille si tes cellules dansent.

Instant-champagne : ton crâne avoué.

Alors tu rayonnes et César et Jacques goûtent à la boisson sacrée.

Cela n'échappa pas à César : son intervention avait ramené une certaine gravité. Alors il s'ébroua, pas question que la fête finisse. Il embrassa Thérèse à toute volée, et vint m'étreindre à m'en étouffer.

En guise de repos, nous allions être servis, car il crut bon de rajouter :

— Allez Thérèse, que nous prépares-tu de bon à manger ?

Fais bien attention, César n'aime que LE MEIL-
LEUR.
   Maintenant, à toi de jouer. J'ai faim, alors fais-moi
danser !

   Je vous l'avais bien dit, c'était reparti : nouveau
contrat, nouvel enjeu. Elle aurait le temps de se reposer,
elle allait mourir. Maintenant c'était la vie, maintenant
c'était la fête.

   Thérèse ne s'y attendait pas. Elle qui pensait que
César, comme les autres, allait la ménager. Voilà un
homme qui la prenait pour une vivante, enfin un. Voilà
un homme qui la regardait mourir non pas du côté de la
maladie, mais du côté de la vie.
   Je m'aperçus que l'on était tous complices contre les
mourants. Une sorte de conspiration, comme un rappel
permanent où l'on cherche à les enfoncer avec notre
pitié, au lieu de les aider.

   César ne s'embarrassait pas. Il avait lancé un défi que
seul un vivant pouvait relever. Quelle astuce !

   Il avait souligné, insisté si fort sur le mot « meilleur »
que Thérèse allait devoir se surpasser. Et voilà, c'était
gagné : ou elle passait ou elle cassait ! Mais dans les
deux cas la mort était vaincue.

   D'ailleurs, pas besoin de lui faire des commentaires.
Elle comprit immédiatement le sens sacré de ce grand
jeu. Elle n'était pas femme à éviter un défi. A son tour
elle se tourna vers César, la tête fière, un peu hautaine,
comme pour le provoquer et s'écria enjouée :

   – Banco !

La fête est rayon qui descend de la nouvelle vie
de la Fête Eternelle.
Toute ivresse est hommage à Dieu...
Le plus sacré, c'est l'ivresse.

Dialogues avec l'Ange

Chapitre 12

LE NOUVEAU DÉFI : LA FÊTE

Nous sommes rentrés dans la cuisine, il faisait frais à l'abri des murs en pierre. Thérèse se précipita vers l'évier en me proposant un verre d'eau fraîche. Visiblement elle était en forme. D'ailleurs César, comme un renard rusé, ne cessait de répéter juste pour la provoquer :

– Que le meilleur, Thérèse, QUE le meilleur !

Il se frottait les mains énergiquement, tapotant son ventre plat. Il fit mine de lui parler : « Tu vas voir comme tu vas te régaler » disait il d'un ton débonnaire : « Tu vas voir, mon petit ventre, ça va pétiller ! »

Thérèse lui fit tout sortir, pendant que je rangeais nos affaires. J'en étais presque gêné de voir César papillonner d'objet en objet, bousculé par ce petit bout de femme qui devenait d'une exigence redoutable.

Il ne fallait pas traîner dans cette cuisine. Moi, je vous le dis.

Accoudé au buffet, l'œil ravi, je les observais, en me disant qu'après tout je n'allais pas tarder à aller faire une petite sieste.

César et Thérèse s'affairaient : les casseroles, les plats et toutes les réserves furent bientôt sur la table. Elle lui fit même prendre une vieille nappe de la grand-mère et les assiettes du mariage. Il y avait de tout, comme un joyeux tintamarre.
Alors elle se recula pour mesurer l'ampleur des possibilités et la partition à jouer.

En se tournant vers moi, elle me lança :

– Ne reste pas dans mes jambes. Tu n'as rien à faire ?

Avant même que je réponde, César reprit à son tour :

– Si, si, nous avons des affaires d'homme !

Voilà que César m'avait réservé, à moi aussi, une place dans leur défi. Qu'allait-il encore m'arriver ?

César ne voulut rien savoir, surtout pas le menu qu'elle nous préparait. Il y tenait, répétant la règle du jeu :

– Fais pour le MIEUX, toujours pour le MIEUX.

Ah ! elle savait s'y prendre. Il l'avait mise au piano, la contraignant à mener le bal. Il allait voir ce qu'il allait voir ! Elle se dirigea vers la porte, et dans un geste significatif nous indiqua la sortie.

Au moins en voilà une qui sait prendre une cuisine, ai-je pensé, une qui sait conquérir son territoire.
César m'entraîna au-dehors, sous prétexte que le bois

allait manquer. Allons donc, il y en avait largement assez !

Quelle roublardise était-il en train de mijoter ?

A peine sorti, il me tira par le bras d'un air complice me conduisant je ne sais où...

C'était un César-champagne, répétant à tue-tête et sur tous les tons :

– C'est un feu d'artifice qu'il nous faut !

C'est un feu d'artifice.

On n'allait quand même pas tirer des fusées ! Moi qui me croyais à l'abri, pensant que Thérèse allait l'occuper. Voilà que pour moi aussi, il y avait un défi.

Il répéta :

– Allez, mon Jacques, c'est un feu d'artifice qu'il nous faut !

Un feu d'artifice de fleurs, de branches, de mousses qu'il nous faut inventer, créer... pour le meilleur et pour Thérèse.

C'était donc ça ! Il nous fallait décorer la maison, décorer son repas, pousser l'instant jusqu'à la fête. Illuminer la cuisine de bleu, de rouge, de vert et d'un concert de senteurs. Quel fantastique contrat : faire pour le MIEUX, en toute chose ; il fallait que cela devienne ma devise, une autre source de dignité. Non pas « l'à peu-près », mais le MIEUX, non pas « le vite fait », mais le sommet de mes possibilités...

Quel EN-JEU !

Et nous voilà dans les champs, l'échine courbée. Il m'apprit à choisir les fleurs, les fleurs de SA terre.

Les noms, il s'en foutait, « c'est pour les livres » disait-il. Il faut les regarder comme une femme, sentir leur sensualité.

Apprends à prévoir ce que tu vas en faire. Il faut que la rencontre soit méticuleuse et attentive. Ne pas gaspiller, pressentir les couleurs, la longueur des tiges, le mœlleux d'une mousse ou l'ampleur d'un feuillage.

Il m'apprit à respecter la cueillette comme un art sacré. On n'arrache pas une fleur comme ça, on ne coupe pas une branche pour rien. Ce n'est permis qu'à celui qui sert la beauté, alors la terre se réjouit, sinon elle reste blessée. Bref, l'aventure pour une pâquerette étoilée.

Quoi, les chardons aussi il faut les choisir? Et même les orties! Aucune espèce n'était méprisable à ses yeux. Tout allait servir, y compris une branche morte et un long ruban de liseron parasite. Je compris qu'il fallait que ce soit complet, échantillon de la nature entourant Sauveterre.

Je crois bien que depuis ce jour, jamais plus je n'ai cueilli une fleur par hasard. Il me montra le respect que l'on doit à cette vie éphémère. Il m'apprit que les fleurs aiment être bien cueillies. Elles échangent volontiers le soleil qui les fait éclore contre l'amour des hommes. Elles n'y perdent pas, elles aiment qu'on les admire. Elles savent très bien être éclatantes pour nous séduire. Mais il faut les courtiser, les entourer de soins. Et pour celui qui sait les assembler, elles se pâment, elles se donnent en grandes dames.

Du haut d'une petite butte, César m'observait du coin de l'œil, tout en continuant sa cueillette.
Il me lança soudain:

— Comme on ramasse les fleurs, on aime.
Accouplement vulgaire, ou sexualité sacrée?
Traite-les avec égards, c'est de toi dont tu parles.

Je me sentis tout nu devant ses yeux, pris d'une panique d'être lisible à ce point. Je ne savais plus comment m'y prendre, la main suspendue en l'air devant une petite fleur qui me faisait de l'œil.

Et puis nous sommes rentrés dans la grange. Il prit des pots, des plats, des bassines usées, et même la vieille brouette que visiblement, il comptait décorer.
C'est sûr, il allait faire pour le MIEUX.

Il m'invita à l'œuvre, éduquant mon regard, éduquant mes mains. C'était comme un entraînement à la beauté, une patiente exigence à en augmenter l'intensité.

Il cherchait la place de chaque fleur, pour qu'elle éclate, disait-il.
Il jouait sur les longueurs, la torsion des tiges ou encore la forme d'une feuille.
Il tâtonnait, demandant parfois mon avis, se reculant soudain, puis replongeant à nouveau.
Il surveillait d'un œil, d'un conseil, mes travaux.
Il était passionné par sa propre participation au jeu, rien n'aurait pu l'en détourner. Quelle vie dans ses yeux !

Ce fut un combat d'amour, une véritable bagarre de caresses : de tout notre être nous cherchions avec la complicité des fleurs à faire naître la Beauté. Il suffisait d'un rien, un centimètre à droite et la fougère devenait brusquement un merveilleux faire-valoir pour qu'une corolle jaune pâle affirme sa candeur.

A ce jeu-là, on pétille. On finit même par se trouver beau et génial, parce que les fleurs en retour nous adressent un silencieux remerciement.
Trouver la place de chaque chose, là est LE secret. Il n'y a rien d'autre : la BEAUTÉ naît de la juste place.
C'était vrai pour les fleurs, autant que pour la mort de

Thérèse : sensualité sacrée de son crâne chauve. La mort à SA place, et sa Beauté pouvait éclore.

Je les ai vues heureuses, toutes ces petites fleurs, heureuses de nous servir. Se haussant sur leurs tiges, le bustier un peu fier, le décolleté provoquant. Je les ai vues, drapées et hautaines, moulées dans des fourreaux indécents.

Plus loin, un chardon sournois dispute sa place à un gros coquelicot, pendant qu'un feuillage touffu étreint un champignon rondouillard.

Voilà, j'étais en contact. Comment le dire autrement ?

Les fleurs sont comme César. Elles parlent en silence, elles vous conduisent, comme lui, à votre propre *rendez-vous secret*.

Il m'avait vu, sachant très bien où j'en étais. Il s'approcha de moi par derrière, et vint poser sa main sur mon épaule. Il me murmura à l'oreille afin de ne pas briser le rythme :

– Tu es un bon amant, parce que ta compagne est belle. Et c'est toujours ainsi.

Bien sûr, il parlait des fleurs, mais aussi de Thérèse, mais aussi de moi. Et je n'y avais jamais pensé : mesurer mon amour à la beauté de mes compagnes ! Qu'est-ce qu'un homme au fond, sinon celui qui est capable de rendre éclatante une femme, de lui donner SA place. Voilà que je parlais comme César maintenant !

La brouette devint un carrosse et la mousse en dégoulinant sur ses flancs ressemblait à une caresse.

Même la branche morte était devenue vivante. C'était un clin d'œil à Thérèse, à n'en point douter.

César lui avait confié un rôle, une tirade : comme une

main tendue offrant des boutons d'or à un gros chardon capricieux.

Sournoisement il me fit remarquer :

– Si la branche c'est Thérèse, tu ne trouves pas que le gros chardon c'est un peu Jacques... quand il est mal tourné parce qu'il n'a pas déjeuné.

Il me donna une grande tape dans le dos. Nous étions bien, tellement bien ensemble.

Thérèse avait fini, elle nous appela. César apporta, une à une, toutes nos œuvres avec précaution.

Il nous fit même sortir, pendant que dans la cuisine il cherchait la meilleure place pour chaque bouquet.

Durant ce court instant, Thérèse me confia son bonheur. Elle était éclatante, radieuse. Je ne pus m'empêcher de penser que César était aussi un bon amant. D'ailleurs, comme pour me le confirmer, elle eut cette phrase moqueuse :

– Tu sais, César, s'il était plus jeune...

Elle laissa planer le doute sur la suite à donner à sa phrase. Mais son air coquin en disait long.

Sauveterre devint un palais. Le feu d'artifice était réussi. De chaque espace explosait un bouquet. Oh ! la belle bleue, oh ! la belle rouge. Depuis le buffet tombait en cascade une sorte de pluie multicolore.

Une chose était évidente, cela sautait aux yeux : « le MIEUX » accompli par chacun.

César avait gagné, nous avions gagné. C'était un triomphe pour tous. Chacun était fier d'exister. Nous étions au centre : triple *rendez-vous secret,* comme SEUL l'ordinaire sait nous l'offrir.

La table était belle, le repas délicieux. César raconta des histoires. Il n'en finissait plus de parler. Thérèse le dévorait des yeux et moi, j'étais simplement heureux.

J'étais certain de ce contrat divin: «fais pour le MIEUX».

Certain que la fête à portée de main, la fête des seigneurs était un autre moyen pour rencontrer *celui qui m'accompagne*.

Des preuves, on n'en avait pas besoin: c'était moi.

De n'importe qui, de n'importe où vient le signal
d'un manque – La critique –
Ce n'est pas une image de ce dont tu es incapable.
Mais une image de ce dont tu es capable.
QUE CHAQUE CRITIQUE T'ÉLÈVE.

Dialogues avec l'Ange

Chapitre 13

LES LARMES QUI LAVENT

Il avait sorti un vieux marc et des cerises à l'eau-de-vie. Cela devait dater de l'époque de sa femme, à voir les bouteilles.

Dehors, il faisait chaud. Quelle heure pouvait-il être ? Trois heures, quatre heures de l'après-midi, je n'en avais aucune idée.

Alors que nous allions quitter la table, j'ai senti que ce n'était pas fini. Pour la première fois, Thérèse s'était assombrie. Emporté dans un élan amoureux, je me préparais à voler à son secours. Mais un coup d'œil de César me conseilla de garder le silence. Visiblement, le vieil homme l'attendait. Il savait où elle était, les effets prévisibles de tant de vie sur sa mort prochaine.

Elle eut une larme, puis deux. Pudiquement elle se leva pour ranger des casseroles dans l'évier, pour pleurer en cachette.

Une seconde fois j'ai bien failli la rejoindre. J'aurais voulu la prendre dans mes bras, la consoler.

Mais César, d'une main ferme, m'intima l'ordre de rester assis.

Sans même se retourner, elle commença un monologue grave. Une sorte de longue plainte, comme un abcès qui se vide. La fête à peine finie, une autre commençait. Cela paraît étrange à dire, mais je savais que tant de douleur conduisait, avec César, vers le bonheur.

Tout y passa : le toc, le clinquant, le bric-à-brac de nos vies. Soudain, en essayant de goûter le léger, elle mesurait le lourd : tous nos déguisements endimanchés et les rires qui grincent, toutes nos soifs compliquées, nos fêtes sur mesure à coup de calendrier figé. Elle vomissait, la pauvre, elle vomissait des années de vie étriquée.

Ses yeux parvinrent à la limite de l'enfer, tant elle décrivait une humanité qui avait perdu la route. Impossible de ne pas se sentir concernés.

Sommes-nous devenus fous pour que tant d'artifices soient nécessaires à nos plaisirs ?
Nous sommes presque aveugles, s'écria t-elle ; je vois nos sens épuisés. Il nous reste l'excès en tout, pour pouvoir encore goûter.

Peu à peu elle ne parla plus d'elle, le ton s'éleva : on aurait dit que maintenant, « ça » parlait par elle :

– Nous sommes presque aveugles, regardez !
L'excès de sel pour sentir le salé,
la débauche de couleurs pour apercevoir le coloré
et tout ce vacarme pour entendre les sons.
N'est-ce pas de la pornographie quotidienne ?
Le vrai rire est parti et la fête l'a suivi, il nous reste
des masques, des grimaces, des efforts crispés.
Tout est à portée de main : gratuit
Pourquoi cherchons-nous toujours plus loin ?

Elle ferma les yeux, comme ça, par réflexe. Elle ne voulait plus voir ce qui défilait sur son écran intime. Elle se laissa glisser jusqu'au sol, recroquevillée, la tête entre ses bras. Elle pleura longtemps, inconsolable ; car ce n'était pas sur Thérèse mais sur les hommes qu'elle s'apitoyait.

César n'avait pas bougé d'un millimètre. Ii savait tout ce qu'elle venait de voir. En son temps, il avait dû pleurer, et probablement ensuite il avait choisi le feu d'artifice des fleurs et non pas les fusées colorées.

Il se pencha vers elle et lui tendit sa main pour l'inviter à nous rejoindre. A peine fut-elle assise, il eut ce commentaire :

— Ma petite amie, mesure, mais ne juge pas ce que les *Grands Yeux* t'ont fait voir.
Là, est le piège du *rendez-vous secret :* mesurer c'est aimer, juger c'est souffrir.

Elle se défendit un peu. Comment pouvait-elle ne pas être touchée devant tant de folie collective ?
« Sur terre, la table est mise et c'est une orgie », avait-elle rajouté.
César la coupa sèchement :

— Alors tu n'as qu'un moyen, commence toi-même à ne plus participer à l'orgie.

Il se pencha vers elle avec une intensité redoutable, et il se mit à articuler lentement :

— Tu as VU, ce n'est pas pour changer les autres, mais pour TE changer.
Alors seulement ils changeront à leur tour.

PARCE QUE TU AS VU : CHOISIS !
Tu n'as plus d'excuses de rester dans le lourd.

Thérèse accrochait visiblement sur les mots, entêtée, elle reprit :

– César, ne me faites pas croire que cela vous laisse indifférent. Comment faites-vous pour vous taire devant tout ce gaspillage ?

– César ne se tait pas, ma petite amie, puisqu'il vit. César n'est pas indifférent, puisqu'il sourit.

Il avait marqué un point, Thérèse semblait calmée. Pourtant il dut voir que ce n'était pas encore assez clair car il rajouta :

– Regarde, comme la contagion agit.
Ai-je voulu vous changer ? – Non !
Pourtant vous êtes ici, et vous changez.
La bonne santé n'est-elle pas plus contagieuse que la maladie ?

Chacun s'isola dans son silence. Une phrase occupait tout mon esprit :
« parce que tu as vu : choisis ! ». Je n'avais jamais mesuré auparavant, combien le *rendez-vous secret* était aussi un danger. C'est vrai : que peut-on reprocher à l'ignorant quand il se trompe ? Il n'en est pas de même pour celui qui a vu l'erreur et qui se trompe encore. N'avais-je pas moi-même sans cesse choisi... de rester dans le lourd, alors que le léger m'était montré ?

C'est peut-être bien cela le péché, la faute, le blasphème suprême : persévérer dans l'erreur alors que l'on sait la solution.
Ah ! mais dites-moi, « celui-qui-m'accompagne » a de grands yeux qu'il ne prête pas gratuitement. Je n'y avais jamais réfléchi sous cet angle. Au point que pour la première fois, je sentis naître une crainte du sacré. « Choisis » semblait me dire l'univers entier. « Prends garde,

chaque fois que tu vois par LUI, il te reste à choisir entre la mort ou la vie. »

Tant d'intensité, en quelques heures, nous étions fatigués.
César dut le comprendre, car il nous vanta soudain l'art de la sieste. A sa manière, bien sûr !

Au fond, si le sujet n'était plus le même, c'était toujours pareil. Une sieste à la César, c'est encore sacré.

Il nous parla de la tendresse de l'artisan qui prend soin de ses outils. Pourquoi l'homme n'en ferait-il pas de même avec son corps ? Savoir se reposer, c'était une science, selon lui : celle du juste rythme.

Non pas l'oisiveté passive qui affaiblit, mais le repos qui prépare à l'action suivante.

En passant devant le buffet de la cuisine, je vis qu'il était seize heures quinze.

Décidément, le temps était bien bizarre à Sauveterre. Impossible de se repérer. Nous nous sommes blottis dans le silence. César était déjà ailleurs. Et nous nous sommes endormis.

En dégageant mon bras engourdi sous la tête chauve de Thérèse, j'ai aperçu César, debout au pied du lit. Depuis quand était-il là ? Que voulait-il au juste ?

Thérèse le sentit à son tour car elle se réveilla doucement, ouvrant un œil, puis l'autre, avec une moue qui témoignait de son effort.

Quel homme étrange que ce César ! Mais où allait-il chercher toute son imagination ?

Voilà que maintenant il nous dirigeait dans une séance d'étirements, de bâillements et de grognements aussi imprévue que le reste de la journée.

« Le réveil-chat » comme il l'avait baptisé, fut mené tambour battant :

Il nous fit craquer l'échine et puis un bras et puis un pied.

Jusqu'au bout des doigts, s'il vous plaît. Allez ! on s'étire !

Il nous fit faire des grimaces pour que le visage s'échauffe.

Puis vint un concert de miaulements auquel il participa avec une grande aisance.
Voilà, c'était reparti, la fête au saut du lit.

S'il me fallait choisir maintenant, je dirais : « Je la veux, cette vie à la César. »
Mais ce n'est pas si simple, quand on n'a pas choisi vraiment. Bien sûr que l'on aime ce pétillement permanent. Pourtant, une fois rentré chez soi, on l'oublie et tout redevient comme avant. C'est terrible quand même !

Si César avait un don, au moins j'en connaissais l'origine : lui, il avait choisi.
Résultat, avec le vieil homme, chaque instant devenait un sacrement. On aurait dit qu'une connaissance immédiate lui permettait, dans chaque situation, d'en extraire l'ivresse cachée.
Il avait réussi une fois de plus avec son « réveil-chat ». Par ce simple jeu, les flonflons de la fête nous avaient repris.

Quel bonheur de coucher son corps ainsi, et puis ensuite de le retrouver avec envie.

En somme, avec César, la sieste était une prière, celle de la matière.

Thérèse lui sauta au cou pour l'embrasser. Il la prit à pleins bras pour l'étreindre. Ils se parlèrent à voix basse, conciliabule de tendresses. Puis il se tourna vers moi, l'œil malicieux :

— Dis-donc, mon Jacques, il faut choisir...

Le mot me fit sursauter. On ne plaisante plus avec ces mots-là. J'avais dû passer ma sieste à en rêver, alors vous pensez !

— Tu te lèves ou tu restes couché ?

D'accord, il parlait de maintenant. Mais j'eus l'impression qu'à travers l'univers, c'était un autre message qui m'était envoyé : « Choisis, c'est l'heure de te lever à la vraie vie. »

On va te faire perdre l'habitude de poser
des questions inutiles !
Bientôt, des comptes te seront demandés !
Demande, question – signe de manque –
S'il n'y a pas de manque,
il n'y a pas de place pour donner.

Dialogues avec l'Ange

Chapitre 14

L'ART DE LA QUESTION

A peine levée, Thérèse s'était habillée, ce qui bousculait ma paresse matinale. Elle avait prévu, sous prétexte d'un pique-nique au bord de la rivière, de nettoyer les horribles rideaux et les vieux dessus de lit usés. Toutes ces choses auxquelles les hommes ne pensent jamais et dont elle voulait lui faire la surprise.

César était déjà dans la cuisine quand nous y sommes entrés. Il finissait paisiblement sa soupe. Tout était prêt, il avait même mis l'eau à chauffer.

Thérèse, excitée par son projet, papillonnait d'un objet à l'autre.

Elle harcelait César de questions futiles : « Où est le pain ? »,

« Avez-vous un grand panier ? », « L'eau de la rivière est-elle potable ? »

César de bonne grâce lui répondait, d'un œil amusé, sans comprendre la finalité de toutes ces préoccupations. Jacques, entraîné dans cette hâte excessive, se pressait à terminer son fromage, à engloutir sa chicorée. Cela tournait à l'hystérie.

Devant tant d'agitation le vieil homme changea son rythme, ne répondant plus à Thérèse et soulignant peu à peu chaque geste par une lenteur insistante.

Thérèse en resta bouche bée :

Comment ça, César ne répond plus ? Et pourquoi prend-il tout son temps ? Et mon projet alors !

La différence de nos rythmes créa une tension, une sorte de rivalité silencieuse où chaque camp essaya d'imposer sa loi à l'autre.

La pression montait, chaque détail prenant de l'importance. Notre joute devint si pointue, si précise que l'instant se transforma en une forêt touffue, mettant nos sens sur le qui-vive.

Encore plus calmement que de coutume, César se fit une place sur le coin de la table pour réparer son vieux moulin à café. Il s'exclama d'un air faussement ingénu : « La prochaine fois, mes amis, vous aurez du café. »

Le fossé se creusait entre nous. Plus César s'installait, plus nous cherchions à partir tout en préservant la surprise.

Alors l'instant se divisa en instants plus courts et puis plus courts encore.

Bientôt il ne nous resta plus que la place d'un coup d'œil pour apercevoir toutes les situations.

Tout se passait à la vitesse de la lumière, curieuse accélération du sens, que notre conflit attisait.

Nous étions vaincus. Après tout, pourquoi courir ? Nous étions ses hôtes, il fallait nous ranger à son rythme. Nous le savions tous deux. Aussi c'est sans nous concerter que nous sommes finalement allés nous asseoir.

Mais César est un prince de l'imprévu, et sur l'élan de la matinée il persista. Cinq minutes, puis dix, puis quinze sans un mot. César continuait son bricolage. Il n'avait pas une seule fois levé les yeux sur notre présence attentive. C'en était frustrant à la fin !

Vingt minutes que nous étions assis, vingt-cinq maintenant. Il s'en passe des choses dans la tête, en pareille situation. Nous ne savions plus quoi penser, ni même comment nous tenir. Était-il fâché ?

De tout mon être je rallongeais l'instant, les yeux essoufflés cherchant à lui signaler ma présence. A ce jeu, on atteint une telle finesse que sentir devient pressentir.

Imbécile que j'étais, au lieu d'en souffrir, j'aurais dû comprendre qu'il nous entraînait vers le meilleur de nous-mêmes et que la fête continuait.

C'est Thérèse qui fut la plus courageuse, se décidant à rompre le silence :

— César, voulez-vous que nous allions pique-niquer à la rivière, j'en profiterais pour faire une lessive avec vos rideaux ?

Il leva les yeux surpris, et les replongea aussitôt dans son moulin à café. A n'en point douter, il prenait son élan, la réponse allait être terrible. Mais le silence continua son œuvre, nous poussant dans un désarroi grandissant.

Thérèse eut alors une idée géniale. dont je compris immédiatement la stratégie. Au lieu de perdre notre temps et d'en souffrir, pourquoi ne pas profiter du génie du vieil homme, le provoquer sur un sujet, où, à coup sûr, il allait répondre.

Elle reprit :

– César, comment pourrais-je rencontrer « celui-qui-m'accompagne » ?

C'était le bouquet, il ne leva même pas les yeux. A croire qu'il était vraiment fâché. Thérèse insista :

– César, comment s'est passée votre première rencontre ?

Au bout de quelques instants, cela devint carrément comique. Nous le bombardions de questions : César par-ci, César par-là. des pourquoi et des comment à n'en plus finir. Il fallait que nous soyons perdus, pour lui manquer de respect à ce point.
Imperturbablement, il continuait à se casser la tête sur un problème de vis qui ne rentrait plus dans son trou.

Cela devint du délire. Et nos tentatives désespérées pour l'arracher à son silence tournaient au ridicule. Soudain il se leva, laissant le moulin à café pour ressortir les bols, le fromage et le pain. Mais que faisait-il donc, nous venions juste de déjeuner ?
Perdait-il la tête ?
Sans même nous demander notre avis, il nous tailla des parts gargantuesques qu'il nous tendit avec autorité : « Mangez ! »

Sous le coup de la surprise, assommés par ce nouvel imprévu, nous avons mangé. Certes plus pour lui faire plaisir que par appétit. Oui, mais voilà : il recommença. Encore du fromage, encore du pain et cette satanée chicorée.

Mais où voulait-il en venir ? Que fallait-il faire ? Prendre le risque de le fâcher ? Il nous tendait la nourriture avec une telle force qu'il était impossible de refuser.
Encore une fois ce fut Thérèse la plus courageuse :

elle repoussa la part que pour la troisième fois César lui proposait.

Alors, il se recula sur sa chaise, avec une lenteur mesurée et il lui suggéra sournoisement :

– Es-tu encore affamée, ma fille ?

Elle ne sentit pas le coup venir et se jeta la têtc la première dans une réponse précipitée :
« Oh ! non merci César ! »

– Alors, maintenant, tu as peut-être UNE question, ou UN acte à faire ?
UN, pas deux...

Elle se recroquevilla sous le choc de l'évidence, le scénario de la matinée défilant sous ses yeux. Tant d'agitations, tant de questions, comme une affamée insatiable ! Voilà donc pourquoi il nous avait gavés. Une leçon à la César : tant que tu as faim, je te donne à manger. Et si tu veux du ciel, écoute donc la terre, c'est la meilleure manière de ne pas s'égarer.

Adieu pique-nique, adieu lessive, l'intensité était ailleurs.
Face à tant de patience de sa part, une gravité s'installa au fond de nous. Un autre jeu commença au-dessus de la table, comme pour souligner l'importance de ce qu'il allait dire :

– Écoute !
A la fin des cent questions, arrive la question unique.
Et c'est par elle que tu rencontreras « celui-qui-t'accompagne ».

Visiblement cette réponse ne la satisfaisait pas. Un peu provocatrice, elle demanda à nouveau :

– Oui, mais pratiquement, comment fait-on pour LE rencontrer ?

– Appelle-le, cela suffit !
Appelle-le par ton unique question du moment !

C'est ridicule, une telle réponse, ai-je pensé. S'il suffisait d'appeler, tout le monde aurait son Ange ! Alors que je me préparais à intervenir je fus saisi par une évidence : mais personne n'appelle jamais « celui-qui-nous-accompagne » parce que personne ne croit qu'il répondra. Finalement, elle n'est pas si bête sa réponse ; mais qu'est-ce donc que cette question unique ?

Thérèse devait lire dans mes pensées, car elle lui demanda presque aussitôt :

– Quelle est mon unique question ?

– Là, où tu souffres aujourd'hui là, où tu ignores la réponse là, où César ignore la réponse, seulement là, tu l'appelles, et il vient.

Ce fut comme si cette réponse creusait un nouveau canal dans mon cerveau. Un truc que jusque-là, j'avais dû laisser de côté et qui soudain se mettait à fonctionner. Ça alors, cela paraît tellement simple. Comment n'y avais-je pas pensé tout seul ?
Un : tu décroches le téléphone céleste.
Deux : quand tu as l'interlocuteur, tu lui poses ta question.

Quel soulagement que cela soit si naturel. J'eus le sentiment de découvrir un autre niveau à toutes mes questions, une nouvelle perspective à toutes mes réponses.

Ainsi donc, si je ne rencontre pas « celui-qui-m'accompagne » c'est parce que je me suis trompé de numéro en posant ma question aux hommes. Non pas le téléphone terre-ciel, mais l'interphone terre-terre. Non pas une question, mais un fatras de gémissements du genre : petit Jésus donne-moi tout, pourvu que je n'aie rien à faire !

Imparable, insupportable même ! Car soudain je n'ai plus d'excuse. Il faut faire la moitié de la route pour espérer l'avoir au bout du fil : trouver MA question, si je veux entendre SA réponse. Tout d'un coup c'en était fini de cette vieille farce qui consiste à croire qu'il suffit de souffrir pour que l'on ait droit à une réponse. Non, non et non ! Il faut DEMANDER, sans demande il est inutile d'attendre une réponse. C'est tellement logique, qu'il faut être bête pour ne pas y avoir pensé !

Nous en étions là, Thérèse et moi, cherchant notre question unique. C'est sûr, jusque-là on avait toujours bavardé sur nos petites interrogations. Aujourd'hui, il nous fallait trouver le centre, la vraie gravité de nos blessures.
Mon Dieu ! Mais laquelle choisir ?
Selon quels critères ?

Ce sont mille choses qui occupent subtilement nos coulisses, mille peurs, mille craintes. Mais où est donc l'essentiel ?

Au milieu de notre errance, César comme pour nous relancer intervint :

– Au-delà de César, mes amis ! Questionnez au-delà de César !

C'est facile à dire, mais c'est quoi ? Thérèse se tordait les doigts sur la table, à l'image des mots dans sa tête.

Quant à moi, mes grimaces devaient assez bien résumer les difficultés de ma recherche.

Mais, bon sang ! Quelle est donc cette question vitale ?

Et Jacques chercha, il chercha encore, au fond de son obscurité, le petit souffle de mots qui ferait une question.

Tout alla très vite. César se dressa sur sa chaise.

Jacques eut le net sentiment que l'impossible allait se produire. Machinalement, il guetta par la fenêtre comme si quelqu'un allait arriver.

Pour la première fois, il entendit le vieil homme hurler.

Oh ! Non, pas la colère que tout le monde connaît, mais celle d'un autre ordre que nul homme au monde n'aurait pu habiter.

Une sorte de cri venant du fond des temps, les veines du cou gonflées, couronnées par deux yeux complètement calmes :

– De quoi souffres-tu M-A-I-N-T-E-N-A-N-T ?

dit-il en se tournant vers moi. Son dernier mot contenait une force immense et une impitoyable exigence. Impossible de me dérober. Il me fallait trouver une réponse, une réponse qui deviendrait une question. De quoi je souffre ?

De quoi je souffre ? C'est terrible à dire mais on souffre et on ne sait pas de quoi ? C'est fou quand même !

Plus les secondes s'écoulaient, plus la peur montait. Une terrible peur complètement incontrôlable atteignant des sommets où j'ai bien cru mourir.

Était-ce pour survivre, toujours est-il que j'ai murmuré :

– Mais qu'est-ce qui m'arrive, j'ai peur !

La peur devint panique. Tout ça pour une question ! Et je m'entendis répéter, cherchant de l'aide comme un enfant perdu : « J'ai peur, j'ai peur. »

Pour la première fois, sans y prendre garde, je m'étais adressé au-delà de César. Totalement tourné vers un horizon où je pressentais une réponse possible.
Je ne fus même pas surpris de l'entendre, et pourtant...

– S'il n'y avait rien, aurais-tu peur ?
C'est donc qu'il y a quelque chose !

« Oui, oui ! » me suis-je empressé de répondre, m'adressant à je ne sais quoi, m'adressant à je ne sais qui.
« Oui, oui ! » ai-je repris encore en ajoutant timidement :

– Mais qu'est-ce qu'il y a ?

La réponse m'arriva du centre de l'univers. Aujourd'hui encore il m'en reste le goût :

– « Celui-qui-t'accompagne. »

En un instant, j'ai su, totalement su qu'« IL » était là.

Impossible de me tromper. Tant que l'on n'en est pas sûr ce n'est pas LUI, parce que quand c'est LUI on en est sûr.
Au contact de cette présence Jacques se détendit, comme si peu à peu il s'accoutumait.

Thérèse, elle aussi, par simple effet de contagion, semblait en présence de « celui-qui-l'accompagne ». De nous trois, César était le plus naturel. Sa longue expérience en la matière parlait d'elle-même.

La cuisine devint un nouveau feu d'artifice : celui des cœurs purs. Le bouquet final s'annonçait grandiose.

Avez-vous observé où vous en êtes
lorsque vous ne pouvez pas sourire ?
Dans la boue, dans la boue gluante.
Jusqu'au cou, ou jusqu'au-dessus de la tête.
C'est si simple ! Mais personne ne le sait.
Connais-tu quelqu'un qui sourit, réellement – dis !

Dialogues avec l'Ange

Chapitre 15

LE SECRET DE CÉSAR

Jacques fit part aux deux autres de ce qu'il voyait : sa vie déplacée, sa course permanente vers des moments de bonheur au-dehors, mais le dedans affamé. C'était bien le mot : il était en permanence déplacé.

Allez savoir pourquoi, les « grands yeux » glissèrent alors sur Thérèse !

César tendrement lui demanda :

– Et toi, n'es tu pas déplacée ?

Elle fut surprise qu'il s'adresse à elle. C'était donc à son tour de jouer. Tout comme Jacques, elle sentit l'urgence d'une reponse.

César reprit :

– Peux-tu répondre aux questions de César, celles où il n'a pas trouvé encore de solution ?

Thérèse crut avoir mal compris. Elle tenta de reformuler la question :

– Est-ce que je peux poser des questions à César ?

– Non ! répondre aux questions de César.

– Mais, mais, bredouilla Thérèse.

– Le peux-tu ?

– Non !

– Alors tu es déplacée.
Tant que tu ne diras pas « oui ».

Quelle ruse du ciel ! Mieux que toute théorie, lui faire vivre les possibilités qui étaient attendues d'elle, la provoquer au point de lui montrer la porte de sortie de son complexe d'infériorité.

Elle en écarquillait les yeux de surprise, pétrifiée dans sa chair par une telle révélation.
Elle, la petite Thérèse, devant répondre au grand César. Jamais elle n'avait osé y penser. A travers Jacques, elle avait mesuré la sagesse du vieil homme, elle avait senti tant de respect à son égard. Qu'aurait-elle pu lui apporter ?
César reprit en insistant sur le premier mot :

– TOUS les hommes ont besoin de toi.
Parce que tu vas mourir, ils doivent se surpasser.
TU ES LA MORT QUI POUSSE A VIVRE.

Sans pitié, sans pudeur « celui qui l'accompagne » venait la chercher. Il était là, sans compromis, dans la toute-puissance de la vérité. Thérèse était touchée, des larmes lavaient son petit visage pâle. Elle regardait au-delà de nous, dans la simplicité d'un enfant à la fois sur terre et au ciel. Par César, la voix se fit aimante, comme si une intimité sacrée se déroulait sous nos yeux :

– Je te touche, mon Amour
me sens-tu ?

– Oh ! Oui, je te sens.

– ALORS REGARDE-MOI PLUS PRÈS ENCORE.

– Oui !

s'écria-t-elle comme un élan naturel. Ils se rapprochèrent.

Ils se rapprochèrent encore. Elle avait les yeux plon-
gés dans ceux de César, au-delà des yeux de César.
Quelle étrange scène. Le vieil homme n'était pas ce
qu'elle regardait. Seulement le décor d'une autre Rencontre qui se jouait ailleurs. Cela devint brûlant, et Thérèse éprouva de la difficulté à supporter cette proximité.
Comme pour l'aider à rester, il lui murmura :

– Ma bien-aimée, sois nourrie par la grâce d'être vue.

Il était là, penché sur elle. Il la touchait du bout de sa
brûlure. Thérèse vacillait, cela devenait trop fort, tant
d'amour pour une enfant qui n'en avait jamais connu.

Elle chercha à se reculer intérieurement, un millimètre à peine, juste pour se soulager. Mais il la reprit
sèchement :

– Ne me quitte pas.

– Ah !

– Ne me quitte PLUS.

Thérèse se sentit vue jusque dans l'âme, mesurant
l'aveuglement des hommes et la toute-puissance des
grands yeux.

– Je t'aime tellement, que chaque millimètre compte.

– Oh ! Oui, je le sens.
Je voudrais que ça dure toujours.

-- Regarde, il n'y a plus de brûlure, mais un berceau ma bien-aimée : TU VAS MOURIR.
Ils restent et toi tu viens... pour toujours.

Il y eut un silence, puis un autre silence. On aurait dit qu'ils se parlaient au-delà des oreilles humaines, comme si les mots devenus trop lourds avaient disparu au profit d'une musique que seule Thérèse devait entendre.
Quel merveilleux ballet de la lumière jouant sur toute la gamme pour faire grandir la jeune femme !
D'ailleurs ils mesurèrent leur intimité :

– As-tu senti ?

– Non !

– Si, tu viens juste de sentir.

– Oui, c'est vrai.

– ALORS NOUS NOUS AIMONS.

De quoi parlaient-ils ? Thérèse le savait. Jacques et César ne pouvaient en avoir qu'une idée, l'écho d'un baiser.
Un chose est certaine, c'est écrit partout, mais nous, nous le vivions. Thérèse devait s'accoutumer car elle demanda tout naturellement :

– Est-ce que cette preuve suffira pour que je ne te quitte plus ?

– Non ! Il te faudra décider chaque instant.

Elle eut une seconde d'hésitation, avant de reprendre :

– Je vais essayer.

– NON ! Pas essayer.

– Je vais le faire, je vais le décider... Je le décide.

– Encore !

– C'est décidé, maintenant !

– VOILA !

Jacques sentit jusqu'en lui la réjouissance des *grands yeux* qui accompagnaient Thérèse. Une ivresse le remplit soudain jusqu'au centre de son âme. Alors, vous imaginez en Thérèse ce que cela devait être !

– Regarde en toi : c'est moi. Jamais nous n'avons été aussi proches, ma bien-aimée.

– Comme je suis heureuse !

– Écoute le rythme, je suis déjà plus loin. Le sens-tu ?

– Oh ! Oui, je le sens... ne pars pas !

– Mon Amour, ce n'est pas grave que je parte,
si tu sais me faire revenir.
C'EST LA LOI DES AMANTS.

L'intimité devint presque sensuelle. Là, sous nos yeux, ils se caressaient tendrement.

– Ma petite fiancée, FAIS-LES FRISSONNER DE NOTRE ÉTREINTE

Juste avant de mourir, FAIS-LES VIVRE.

J'en étais bouleversé, tant d'intimité révélée. Même la voix de César avait pris un timbre inaccoutumé. Nous assistions à des fiançailles, un cœur à cœur sensuel, sans commune mesure avec nos corps à corps sexuels. Thérèse était belle, elle était prête.

– Ma petite fiancée, nos étreintes seront si fortes que tu pourras tout laisser sur terre. TU ES MA PROMISE au-delà de la mort.

Il la tenait dans ses bras, il la portait au-dessus des corps, au-dessus du lourd, au-dessus de la terre. Déjà son baiser l'éloignait de la mort. Déjà son baiser lui promettait l'éternité.

– Ma petite fiancée, je t'offre un ultime cadeau. Parce que tu es ma femme. Je veux te combler de ma force. LE VEUX-TU ?

– Oh ! Oui.

Oserais-je vous dire ce qui suivit, je peux à peine le traduire. L'intonation se mit à grossir comme une virilité puissante. L'intensité des graves résonna dans l'univers entier.
Il n'y eut plus de pudeur, plus de fards... soudain la vérité.

– UNISSONS-NOUS !
Je suis la FORCE
Si tu es ma promise, tu peux me dompter sans crainte. Me crains-tu ?

– Non !

– Alors VIENS !
Viens à la rencontre, ouvre-toi... VIENS !

Le plus grand des silences nous enveloppa alors. Nos respirations battaient un autre rythme. Le Sacré nous tenait en respect. Ils allaient s'unir, là, sous nos yeux, pour que les «vivants» mesurent combien ils sont morts.

– Ma petite fiancée, ME VEUX-TU ?

– Oui, oui... Oh ! Oui.

Seule Thérèse pourrait écrire les longs silences qui suivirent. Et puis tout fut fini. En un instant, on le sait, on le sent. Juste avant de «partir», il y eut ces simples mots :

– Que chacune de tes larmes, chacun de tes sourires soit à jamais notre lit.
Chante pour moi, même en mourant.
Je chante déjà pour toi, auprès de LUI.

C'était fini. César se leva, il alla embrasser Thérèse.
Personne n'osait parler. Chacun aimait l'autre.
C'est le vieil homme qui rompit le silence :

– Maintenant vous partagez mon secret.
Ce n'est pas seulement par hasard que l'on peut rencontrer «celui-qui-nous-accompagne»,
ON PEUT A CHAQUE INSTANT ALLER LE CHERCHER.

L'homme créé est situé entre le commencement
et la fin.
L'homme créateur se situe entre la fin
et le commencement.

Dialogues avec l'Ange

Chapitre 16

LA FIN OU LE DÉBUT ?

Cela dura trois jours, d'une vie à grandes enjambées, sept lieues à la fois au-dessus des choses, comme une autre façon de marcher.

A ce jeu, César fut un roi. Il contenta Thérèse dans ses moindres exigences et même au-delà, lui faisant vivre chaque instant dans une autre envergure.

Il n'y eut pas un désir que le vieil homme n'ait pas cherché à satisfaire. Il devinait tout d'elle, et lui fit explorer l'univers, la poussant à transformer chaque minute morte en une minute vivante. A ce rythme, elle dut sans cesse se surpasser, domptant les gémissements pour naître au sourire.

Thérèse en eut même honte d'avoir encore des désirs, encore des questions. Mais César, inlassable, la nourrissait de l'Essentiel.

Je ne comprenais pas tout, loin s'en faut, mais je sentais qu'il accomplissait un contrat qu'il s'était lui-même fixé.

Le matin du départ, ils s'embrassèrent. Tous deux savaient qu'ils ne se reverraient plus. Mais chacun avait vaincu sa mort. Sur terre seulement ils se quittaient... sur terre seulement! Thérèse était d'ailleurs radieuse. Rien à voir avec celle qui était arrivée. César avait gagné.

En se tournant vers moi pour me saluer, il me donna en une phrase discrète la raison de notre voyage chez lui et l'explication de son comportement :

– Maintenant, elle peut mourir. Elle a enfin vécu.

Forcément nous sommes rentrés chez nous vibrants d'intensité. Le corps de Thérèse s'étiolait de jour en jour.

Il y eut même, dans les semaines qui suivirent, une nette aggravation des souffrances. Notre voyage terminé ne lui laissait plus qu'une dernière ligne droite.

Notre amour prit une ampleur nouvelle. Le corps n'y trouvait plus sa place. Chaque acte respirait une tendresse, celle qui n'attend pas de récompense. De l'un à l'autre, une simple présence, et cela suffisait.

A l'échelle humaine nous parvenions presque à répéter sa rencontre amoureuse vécue à Sauveterre. Jamais dans ma vie, je n'ai autant appris que durant cette période.

Jusqu'à la fin juillet, chaque jour fut un goutte à goutte plein, parce qu'il ne nous restait plus rien. Chaque instant devenait un cadeau tant il risquait d'être le dernier.

Une phrase, dite dans la petite cuisine de César, me revenait sans cesse en mémoire : «Parce que tu vas mourir, ils doivent se surpasser. TU ES LA MORT QUI POUSSE A VIVRE.» Et j'en vérifiais chaque jour toute l'exigence.

Peu à peu on en arrive à l'essentiel : être heureux de simplement respirer un jour encore. Le reste devient fade, voire même dérisoire. Toutes nos petites misères, tous nos attachements futiles se révèlent comme des enfantillages capricieux.

Allez, je peux bien vous le dire, il y eut des hauts et des bas, mais point de héros. Cette mort nous provoquait tantôt comme un chantage odieux, tantôt comme une aide précieuse. Nous naviguions aux extrêmes avec la peur, celle qui prend par surprise, qui mord les chairs à en devenir fou.

Début août, elle se coucha définitivement au bout d'un grand couloir blanc. Son corps était en haillons et je me débattais dans mon tourment. Avec l'hôpital, sa famille était revenue. Ils occupaient le territoire, n'entendant pas le partager. C'était un peu leur victoire : me la reprendre, et se rassurer de la voir ainsi rentrer dans les rangs.

Alors Thérèse m'écrivit de grandes lettres, sorte de confidences aiguës sur son approche de la fin. Avec la complicité des médecins, la nuit, en cachette, je lui rendais visite, évitant ainsi ses parents.

Souvent elle dormait, emportée par le vent. Il ne restait d'elle qu'un murmure. Et debout au pied du lit, je la contemplais en train de partir.

Je crois qu'elle n'a pas souffert, en tout cas elle ne le montrait pas. Elle s'éteignit peu à peu, en ayant parfois peur et parfois un peu moins.

C'était le six août, quelque dix jours avant la fin. Elle m'avait écrit une lettre, la dernière précédant le silence d'airain.

Petit frère,

Nous nous sommes tant aimés, gravissant les échelons d'une tendre complicité. Il était temps que j'apprenne, avant de partir. Mais une dernière œuvre m'attend : la séparation dans la paix.
Aussi ai-je décidé d'apaiser ma famille et de me consacrer à cette tâche.
Sauras-tu comprendre l'ultime effort de notre amour ?

Parce que nous sommes unis, je te demande fraternellement de m'aider. Parce que nous sommes unis, je te demande ma liberté.

Peux-tu, petit frère, espacer tes visites... et même : Adieu.
Souviens-toi du programme et du plan : mon programme c'est tes yeux, mais SON plan est vers eux.
Mon amour, laisse-moi accomplir ma dernière Tâche.
Qu'au moins je leur donne, pour qu'ils me pardonnent.

Je sais ton poème par cœur, celui que tu as laissé avant-hier. Ce sera ma prière jusqu'au dernier soir.
Petit frère, tu es fait pour écrire, ne le gaspille pas.
J'aime par-dessus tout ce passage :
« IL EST UN TOUT PETIT REBORD DE VIE
OÙ LES RENDEZ-VOUS N'ONT LIEU QU'AVEC
SOI-MÊME,
ÉQUINOXE POINTUE, A MI-CHEMIN DE
TOUT. »

C'est un autre amour qui nous lie, grâce à LUI.
Mon corps me fait trop mal, il est mort avant moi. Mais je sais qu'il y a d'autres ivresses, cela, je l'ai appris.
Petit frère, aimons-nous dans une autre altitude, celle où je te dis : VIS. C'est ainsi que tu m'accompagneras le mieux.

Il me faut avant de finir, réparer les dégâts de notre folle aventure. J'ai semé, je récolte.
Quoi de plus naturel ?
Ils sont parfois lourds, parfois touchants.
Ils sont tristes pour moi, mais surtout pour eux.
Ils ne pleurent pas ma mort, mais que je les laisse.
Le plus dur, vois-tu, quand on meurt : c'est le poids des vivants.
Ils ont peur pour eux, je ne suis qu'un alibi. En mourant, c'est eux qui meurent un peu.
Surtout à la fin, on est seul. Ils viennent à mon chevet uniquement pour se voir.

Mon amour, avec la mort, heureusement, c'est un peu comme avec César.
Tous les détails deviennent moins importants, on ne peut pas leur en vouloir. Seul l'essentiel reste. Je ne peux rien pour les autres, seulement bien mourir moi-même. Peu à peu plus rien ne me retient, mais les « grands yeux » me bercent. Ne va pas t'imaginer une mort exemplaire. J'ai parfois peur et puis plus rien.
Grâce à toi et à César, j'ai pu me nourrir à temps. C'est une bonne fatigue qui me prend.
Adieu, petit frère. Je t'aime VRAIMENT.
Maintenant VIS.

Thérèse.

Elle mourut le seize août, sans que je la revoie. De sa mort, je ne sais rien. A-t-elle rempli sa dernière mission ? Le saurai-je un jour ? Mille fois, je n'ai pas été à la hauteur de son amour. Mille fois, j'ai failli la rejoindre. Un soir, je suis même allé jusqu'au bout du couloir. Il était tard, tout était silencieux.
J'ai pleuré, pleuré encore, et je suis rentré sans la voir.

Mon Dieu que c'est dur de se tourner ailleurs ! Reprendre les mêmes gestes, les mêmes routes et pourtant autrement.

Avec sa mort, je ne savais plus rien commencer. La crise, quoi !

Celle où l'on tombe amoureux de tous les enterrements.

Celle où l'on savoure la misère du monde pour mieux se rappeler la sienne.

On apprend même les gestes qu'il faut et la manière de marcher. On parle, on pense dans une ornière ; aujourd'hui n'existe plus.

Et puis un jour, six heures moins le quart, on se surprend en train de s'enterrer.

Ce fut comme un rappel à l'ordre, tandis que Jacques en passant dans le salon croisait le portrait de Thérèse. Il crut entendre de plein fouet la jeune femme lui crier : « Jacques tu ne vis pas ! »

Oh ! Bien sûr ce ne fut pas un miracle. Jacques n'avait pas retrouvé toute son allégresse. Mais au lieu de succomber à son désespoir, il se décida à l'organiser.

Il avait quinze jours de vacances devant lui. Il prit son téléphone pour aller rejoindre des amis, s'étourdir.

Puis Jacques écrivit à César la mort de Thérèse et les conditions de leur séparation. Il lui écrivit toute sa peine et son besoin de remplir son emploi du temps. Voilà, il avait besoin d air.

C'est sûr, Jacques attendait une réponse, mais pas celle qui lui parvint. C'était vers le vingt août, il se préparait à partir le lendemain, et la bombe-César lui tomba sur la tête.

Mon ami,

J'arriverai le 21 au train de 18 h.
Bon d'accord, Thérèse est morte.
Est-ce vraiment une surprise ?
C'est la fin du passé.
As-tu encore faim du présent ?

César.

Imaginez mon étonnement ! Je m'en suis assis, remettant un peu d'ordre dans mes idées. Ça, pour une surprise, c'était une surprise ! César qui depuis dix ans n'avait pas bougé ; le voilà qui arrivait ! Et ses deux dernières lignes m'indiquaient bien son projet.

Quel amour de la part du vieil homme, tant de kilomètres pour aider mon enfance.

A cet instant, je fus heureux. La vieille contagion faisait son effet. L'aventure pointait à l'horizon, et la vie me reprenait à pleins poumons.
« Bon d'accord, Thérèse est morte » comme dirait César.
Je me suis servi un bon whisky. J'ai mis les pieds sur la table et j'ai souri.
Qu'allait-il encore m'arriver ?

Troisième partie

LES CENT PAS DE JACQUES

Mystérieux est l'enseignement sur
la conception immaculée.
Trois pas c'est le temps :
le passé : la purification.
le présent : le don total de soi-même.
le futur : les noces.

Dialogues avec l'Ange

Chapitre 17

LE PRÉSENT OU L'ABSENT

En passant devant la photo de Thérèse, j'ai su que c'était presque fini.

L'étreinte s'était relâchée. Sur la commode il me restait le portrait d'une femme et l'une de ses dernières phrases : « C'est ta vie qui doit accompagner ma mort. »

Au fond, qui sait la combinaison du coffre-fort à bonheur ? César me l'a maintes fois montrée et je l'ai encore oubliée. Quel idiot avec mon carnaval fané ! Allez, jette-moi tous ces caprices, la date est périmée.

Décidément, la lettre du vieil homme était arrivée à temps, parce que la combinaison du fameux coffre, c'est le présent.

Oh ! là, là. Je n'aurai jamais le temps de tout faire. Il arrive demain. Et voilà, c'est gagné quand l'instant revient.

Il arriva comme prévu par le train de 18 heures. On aurait dit un touriste étranger. Malgré ses vêtements franchement démodés, il avait l'air vraiment à l'aise.
En l'embrassant, j'ai senti l'amidon. Eh dame ! Ce n'est pas tous les jours que l'on descend à la ville !

D'un air désinvolte, il me lança :

— Alors comment vis-tu ?

Rien à voir avec notre banal « comment vas-tu — bien, merci — et vous ».
Mais le genre de truc qui vous pousse à réfléchir avant de répondre.

César et la ville, c'est tout un poème. Il devait y avoir au moins dix ans qu'il n'était pas sorti de son coin, pour avoir de tels yeux !
Sous son regard, tout devint un spectacle. Il était affamé du moindre détail insolite, surprenant le hasard, pourchassant l'anodin. Tantôt il me poussait du coude, tantôt il me tirait par la manche, cherchant à me faire partager l'humour de la rue.

On aurait dit la complicité espiègle de deux collégiens en vadrouille. C'est fou, comme on passe à côté des choses sans les voir. Avec lui nous devenions des chasseurs d'images, le passé était mort, il n'avait plus de place, tant le présent s'était mis à régner.

Il tomba soudain en arrêt devant un magasin. Visiblement, il cherchait à comprendre. J'eus beau m'approcher, je ne vis rien d'extraordinaire.
Pourtant, à ses yeux, il y avait de l'insolite dans cette vitrine outrageusement illuminée... en plein jour.
César et ses bougies, comment lui expliquer que la lumière ne sert pas uniquement la nuit ?
C'est sûr, il n'y a plus que lui pour en rire. Qui de

nous sait encore le voir ? Pourtant cela doit bien vouloir dire quelque chose : éclairer le jour, éteindre la nuit. Peut-être que lalumière ne sert plus à voir... mais à vendre. N'est-ce pas à notre image ?

Plus loin, il stoppa net devant un panneau publicitaire.

« Le yaourt qui vous libère » vantait le slogan. Une femme nue, enfermée dans un pot transparent semblait déguster ce nectar. Cela ne s'invente pas ces choses-là, il y en a plein nos murs : des libertés enfermées dans un bocal !

La rue devint un délice, suite de paradoxes et de surprises, enchaînements de sketches burlesques dont il savait à merveille souligner l'humour.

Il y eut le genre Monsieur-Dupont-ventru se battant avec son caniche pour une histoire de caca dans le caniveau. Qui est le plus têtu ?

Ou encore ce petit groupe de jeunes hommes, prophétisant sur la joie et la paix du monde, interpellant la foule d'un ton lugubre. Qui est le plus drôle ?

Il y eut même César, assis sur le trottoir pour nouer un lacet. A quatre-vingts ans cela ne se fait pas. Qui est le plus libre ?

Ce n'est rien tout cela, me direz-vous. Mais c'est là, sous nos yeux, respirant l'instant, cette fameuse combinaison du coffre-fort. Et puis, l'émerveillement, c'est gratuit, tandis que la souffrance a toujours un prix.

Pendant que nous marchions sur les quais pour rejoindre ma voiture, j'ai cru bon de lui parler, de le remercier de tant d'amour et de patience. Et puis je me suis emmêlé dans mes phrases, cherchant à lui prouver que je comprenais la dimension essentielle de ce que nous vivions.

Je me suis enferré dans un sermon théorique attestant

de ma soi-disant conscience. Je l'ai matraqué d'une suite de clichés. Pour finir, sur un ton péremptoire, par affirmer ma recherche spirituelle à ses côtés.

Il me regarda d'un air franchement abasourdi. Je crois bien qu'il ne me pensait pas si bête. Alors il y eut un déclic et sur le quai il fit le clown, mimant un Jacques de circonstance, le genre avocat avec de grands effets de manches.

Et puis, il sautilla en me caricaturant, s'adressant aux arbres, aux voitures, et même à un chien de passage.
« Je suis un être spiritouel » disait-il en insistant sur le « ou ». Il rencontra ensuite une vitrine où il put se mirer dans toute sa grandeur d'âme, répétant à tue-tête « Je suis un être spiritouel. »

Il fit tant et si bien, qu'il me fut impossible de ne pas en sourire, impossible de ne pas voir la maladresse de ma déclaration d'amour. En me poussant jusqu'à rire de ma propre bêtise, n'était-il pas en train de me guérir au lieu de me blesser ? Quel médecin étonnant !
Il me glissa alors sur le ton de la confidence :

– Mon ami, tes mots sont usés. A force de parler par habitude on finit par ne plus rien dire... que le bruit.

Il fit quelques pas puis il rajouta :

– Le mystère des mots, c'est le cœur. Soit ils l'altèrent, soit ils le désaltèrent. César t'aime, un point c'est tout.

Je vis mes mots en voie de disparition, comparés aux siens.
Je vis mes ronds de jambe et mes phrases ampoulées, là où il disait « je t'aime, un point c'est tout ».

En montant dans la voiture, je me sentis éléphant. Décidément, le passé était bien loin, j'en étais à la brûlure du présent.

A peine assis à mes côtés, il me tapa sur l'épaule en m'annonçant qu'il avait faim, comme d'autres proclament la Nativité. Avec lui, c'est sûr, il s'agit d'une métaphysique de l'entrecôte grillée. On apprend à poser un pied devant l'autre, et c'est déjà bien suffisant.

« Allez, c'est moi qui t'invite ce soir » avait-il repris d'un ton enjoué.

Curieusement, César me guida dans un dédale de rues.

Il devait avoir son idée. En tous cas il était déjà venu. J'eus peur un instant que le monde ait trop changé depuis dix ans, pour qu'il retrouve ses marques. Mais non ! Il semblait se reconnaître parfaitement.

« C'est là, s'écria-t-il soudain, gare-toi, nous allons bien manger. »

En poussant la porte, j'ai senti que César s'amusait avec son passé. Quel tour allait-il encore me jouer ? Les vieilles tables en marbre, la sciure par terre, les nappes en papier, j'en étais sûr, tout était là et n'avait pas dû beaucoup bouger.

En s'installant, il m'expliqua qu'autrefois il venait dîner tous les jeudis avec sa femme, toujours à la même table, toujours dans ce petit restaurant. Il me conta brièvement le bonheur de cette époque et les yeux de son épouse devant la tarte aux fraises maison dont elle raffolait.

Puis il retourna au silence, visiblement, il voyageait.

Aucune de mes questions ne trouva de réponse. Que faisait-il dans cette ville ? Quel métier ? Avait-il des enfants ?

Un peu plus tard, il m'avoua n'être jamais revenu à cet endroit depuis la mort de sa femme.

Vers le milieu du repas il me dévisagea soudain, et me chuchota d'un air complice :

– Ce soir nous sommes à égalité : chacun sa Thérèse. Allons-nous fêter leur présence ou leur absence ?

Voilà, les dés étaient jetés. La partie pouvait commencer. Bougre d'homme quand même, avec lui, la moindre chose peut devenir une fête, et la moindre fête se transforme en une redoutable aventure.

Plusieurs fois j'ai senti sa jouissance pudique, au gré de mille détails qui devenaient des passerelles invisibles vers son passé.
Peu à peu, nous avons arpenté le temps chacun dans nos traces. De brèves connivences nous rapprochaient parfois. Puis nous disparaissions vers nos histoires.

Un court instant j'ai rejoint la tristesse en pensant à certains moments pénibles auprès de Thérèse. César me surprit immédiatement et me lança :

– Vois-tu, je crois que ce qui encombre les morts, ce sont nos souvenirs tristes.
Mon Jacques, n'encombre pas Thérèse !

Cela ne se commande pas : devant tant d'amour, je me suis légèrement penché au-dessus de la table. J'ai avancé ma main en la posant sur la sienne. Je voulais qu'il sache, à cet instant, combien nous étions unis.

Je l'ai rejoint, comme sa femme avait dû le faire si souvent.
Je l'ai rejoint, et qu'importe à qui était la main... ce fut un festin.
Par-dessus les années : le même acte.
Par-dessus la table, il m'offrit les mêmes yeux. Ce

« je t'aime » que l'on arrive si rarement à dire. Ce « je t'aime » de Seigneur quand il s'agit d'ivresse.

Ses yeux se plissèrent, son autre main vint se poser sur la mienne. Quelle tendresse incroyable dans tant de force !
Chacun fut l'horizon de l'autre, éclaboussé par un silence puissant. Ce n'était plus seulement le jeu de César, mais aussi le mien.
Nos morts, nos amours ne luttaient plus contre la vie.
Nos morts, nos amours devenaient une source infinie.

C'est trop fort, trop beau. Ça brûle partout, on a même peur d'en mourir. De ces choses-là, on ne peut jamais en parler.

L'ai-je dit à voix haute, où l'ai-je simplement pensé ?
Ce fut une évidence : « si c'est cela vivre, alors je n'ai jamais vécu auparavant ! »

En une seconde il me revint un Jacques pleurant sa Thérèse, pleurant la mort. Mais que s'était-il donc passé pour que cette même mort devienne la force du vivant ?
Comment pouvais-je être aussi heureux ?

C'est encore le vieil homme qui me l'expliqua :

– C'est ça la vraie mort, augmenter la fréquence d'amour jusqu'à ce que le corps ne le supporte plus.
C'est ça la vraie mort, ce baiser qui fait fondre la matière.

J'en suis sûr, elles étaient là, Thérèse et sa femme. Elles étaient là, dans ce « je t'aime » grandiose, convoquées par la lumière, attablées à nos côtés. La mort serait donc un cadeau, une promesse faite à la matière : « Amplifiez le cœur, amplifiez encore jusqu'à ce qu'il explose et vous trouverez la lumière. »

Il y eut une pause, l'incendie se calmait. On nous avait apporté le fromage et César mangeait comme un homme qui ne fait qu'une seule chose à la fois.

Comme je l'avais attendu ce « papy royal » ! C'est curieux, on passe sa vie à le chercher, mais on ne le sait que le jour où on l'a trouvé.

Avais-je seulement une fois conçu ma vie sans lui ? Subtil agencement des choses, auquel nous avons tous droit. Mais personne n'y croit.

Après le dessert, il prit un café. Il plaisanta sur la soupe au lard et la chicorée.

Puis en se tournant sur sa chaise, il appela le garçon. Il lui commanda deux armagnacs, en précisant avec insistance « le plus vieux ».

Qu'avait-il donc en tête ? Il devint grave, très grave même, empreint d'une dignité forçant au respect. Mais qu'allait-il encore m'annoncer ?

D'un ton solennel, il m'expliqua les vertus de l'armagnac. Vous imaginez ma surprise ! Je ne parvins pas à savoir s'il plaisantait ou non.

A peine servi, il manipula le verre avec précaution, se lançant dans un « enseignement spiritueux », comme il disait.

– Vois-tu dans le Sud-Ouest, on le boit sans le poser. D'ailleurs les verres n'ont pas de pied.
Et sais-tu pourquoi ?
Parce qu'il faut les chauffer avec tendresse dans la paume de la main.
Là-bas, ça se passe à la veillée, tout en racontant sa vie.

Ça peut durer longtemps, tu sais !
Car c'est une histoire d'amour avec ta propre chaleur.
C'est tout un art de chauffer ce breuvage pour qu'il rencontre la température de ta bouche sans la blesser.

Il se tut un court instant, entourant son verre de ses deux paumes, comme on cajole un nouveau-né. Puis il reprit :

– Aucun armagnac n'est semblable. Une fois chauffé, c'est ta personne qui est venue l'habiter.
Et puis dans ce verre, les hommes ont mis le meilleur d'eux-mêmes.
Tous ceux qui ont travaillé la terre, soigné les pieds.
Tous ceux qui ont surveillé les fûts.
Il y a l'amour de toutes ces mains expertes, comme une chaîne où celui qui boit est le dernier maillon.

Vois-tu, c'est comme cela que j'honore les morts. En portant un toast avec le meilleur de la terre confondu au meilleur de moi-même.

Je ne l'avais encore pas vu venir. Recréant cette importance sacrée qui soudain embrase tout, nos verres devinrent des calices, et la pureté de notre acte salua l'univers.

– Voilà, mon Jacques, la meilleure manière de traiter nos morts.
Portons-leur ce baiser, offrons-leur le MEILLEUR...
APPELONS-LES !
Fais attention, mon ami, quand nos verres seront vides, il faudra que la vie reprenne. Pas de nostalgie.
Alors, elles sauront combien on les aime.

Ce fut bref, intense. Depuis ce jour je n'ai jamais plus dégusté un armagnac sans la messe secrète qui l'accompagne.

Et ça change tout.

En quittant la table, Jacques se souvint de l'homme qu'il était, il y avait quelques jours à peine.

Il se sentit prêt à l'aventure. Avec César à ses côtés, à coup sûr, cela n'allait pas manquer !

L'œil ne sert plus à regarder,
comme jusqu'à maintenant.
Si vous ne regardez plus avec vos yeux anciens,
il y aura un nouveau chemin sous vos pieds.

Dialogues avec l'Ange

Chapitre 18

LES YEUX QUI VOIENT

Moi qui aime les réveils paisibles, ce matin-là, j'étais servi ! Pas un mot, pas un commentaire. César buvait son café tout en grignotant un bout de fromage avec du pain.

De temps à autre il relevait la tête, scrutant mon appartement, comme si un détail venait lui parler de moi.

En allant faire sa toilette, il passa devant ma bibliothèque.

Oh ! misère, quel foutoir, j'en eus presque honte.

Un détail l'intrigua par-dessus tout. Pourquoi tous ces livres de médecine, toutes ces revues scientifiques, compte tenu de mon travail dans l'immobilier ?

Tandis qu'il feuilletait distraitement quelques ouvrages, il mena son enquête avec plusieurs questions habiles.

Il me fallut lui expliquer cette partie de ma vie qu'il ignorait encore. C'était simple d'ailleurs : j'avais d'abord suivi des études médicales. C'est même là que j'avais rencontré Thérèse ; j'étais moins brillant qu'elle, mais j'avais pu néanmoins décrocher mon diplôme. Et puis une opportunité familiale m'avait permis de gagner beaucoup d'argent en peu de temps, dans l'immobilier.

Ainsi donc n'avais-je pratiqué la médecine que quelques mois, avant de me retrouver dans un emploi beaucoup plus lucratif.

Oh ! bien sûr, je continuais à suivre de loin ce qui se faisait.

Et même, à l'occasion pour des amis ou connaissances, je n'hésitais pas à redevenir médecin.

César sembla satisfait, quoique surpris. Il se dirigea vers la salle de bain. Puis se ravisa, revenant sur ses pas. Avait-il attendu ce détail pour me parler ? Toujours est-il qu'il semblait soucieux. Il me lança d'un ton sévère :

– Thérèse aussi travaillait pour gagner plus d'argent. Elle en est morte. A quoi sers-tu sur terre ?

Comment répondre à une telle question ? Avant même que je ne retrouve mes esprits, il avait disparu, me laissant seul avec cette graine déposée au fond de moi.

A quoi je sers ? A quoi je sers ? Il fallait me rendre à l'évidence : je ne sers pas à grand-chose.

Ce matin-là, je n'en sus pas plus...

Durant les trois jours qui suivirent, il me harcela du même refrain. Chacun de mes commentaires obtenait la même réponse : « A quoi sers-tu ? »

C'en était presque agaçant à la fin. Bien sûr, il avait son idée.

Mais allez donc le faire parler !

La moindre visite touristique devint une aventure. Il avait inventé un jeu : observer les faits et gestes des passants, jusqu'à pressentir leurs personnalités.

Quel vieux renard rusé ! Il me tirait littéralement les vers du nez, comme on dit. Je n'eus même pas conscience qu'il était tout bonnement en train de m'accoucher.

J'avais bien remarqué mon acuité à voir les corps. Mais je la mettais sur le compte de mes études médicales passées.

Eh ! bien non, pour lui, il y avait là un trésor caché, une qualité secrète d'un Jacques à réveiller.

Au début on n'y croit pas. On se dit : il exagère. Et puis peu à peu on se met à douter. Et s'il avait raison ?

Cela dura trois jours, des milliers de bouches, de mains et de jambes dont je devais découvrir le message. Mais où prenait-il de telles idées ?

Infatigable, il me guettait du coin de l'œil, relançant sans cesse la partie... Et celui-là, et celle-là ?...

Au bout de huit jours de ce régime, mes sensations fugaces s'aiguisèrent en une intuition de l'autre.

A la fin de la seconde semaine, ce ne fut plus un jeu, mais une gourmandise incessante.

Une nouvelle respiration de mes yeux.

Après tout, un enfant ne sait-il pas lire sa maman dans ses plus petits gestes ? Et si nous l'avions oublié en grandissant ?

C'est évident : on sait l'autre, on le voit par transparence. Il suffit de se laisser sur-prendre.

Alors le passant devient une vitrine. On ne connaît pas son nom, mais on connaît sa trace. « Ça » se fait en silence, non plus un corps à corps, mais un cœur à cœur immédiat.

C'est fou, quand j'y pense ! Et pourtant cela m'arrivait souvent sans que j'y prête attention.

Cet après-midi là, alors que nous nous préparions à sortir, César me glissa :

– Je t'ai observé, mon Jacques. C'est avec les « grands yeux » que tu vois les corps.

En descendant les escaliers, il m'expliqua que chacun avait sa lecture du monde, simple prédisposition de nos yeux.
Mais il ajouta ensuite que cette qualité naturelle devait nous conduire au meilleur de nous-mêmes.
Arrivé en bas, il me prit par l'épaule en me confiant :

– Moi, je sais lire la terre, mais je ne vois pas les hommes.

Et puis nous sommes allés faire nos courses au super-marché.
J'étais intrigué, comprenant soudain toute l'importance de notre jeu des jours passés.
C'est au milieu du tumulte, au rayon boucherie, que César répondit à mes doutes avant même que je ne lui en fasse part.

– Il y a deux signes qui indiquent les « grands yeux » :
la certitude que notre intuition est juste, suivie d'une joie sans raison.

Il me laissa faire mes achats, pour revenir me cueillir au rayon des conserves. Décidément, il n'y a pas un lieu sur terre où l'on peut échapper à César !

– C'est une astuce divine, l'ivresse des grands yeux.
En te conduisant vers ta Tâche, elle te conduit aussi vers LUI.

Il joignit le geste à la parole en pointant son doigt vers le ciel. Cela eut pour effet de faire lever la tête à trois ou quatre personnes autour de nous.

En sortant, il faisait chaud, orageux même.

César m'invita à prendre un verre à la terrasse ombragée du grand café qui bordait la place Gambetta.

Ensuite, cela se passa très vite. Sur l'échiquier du hasard deux pions furent avancés : un petit garçon et sa mère venant s'installer à une table voisine. César me poussa du coude, m'invitant à les observer.

– Alors, que vois-tu ?

Pour moi, c'est seulement un petit garçon un peu triste avec une maman qui porte un peu trop de bijoux à mon goût.

Voilà, quatorze heure trente, à la terrasse du grand café, ça vous tombe dessus. Jacques chercha désespérément quelque chose à dire, quelque chose d'intelligent. Et puis non, c'est trop bête. Alors il se tut.

Décidément il ne sentait rien, à part un insupportable bavardage de la tête, un commentaire de concierge qui n'avait rien à voir avec les « grands yeux ».

Soudain au milieu de son infirmité aveugle, il y eut un silence plus profond, comme si du cœur montait un murmure.

Quatorze heure trente deux, «ça» parle tout seul, «ça» coule comme un flot. Allez savoir d'où l'on sait tout cela ? On le découvre en même temps qu'on le dit.

Bientôt, il n'y eut plus que l'enfant et sa mère : leurs corps comme des livres ouverts. Jacques se lança :

– Regarde cette femme enfermée dans ses épaules, tirant sur sa nuque pour se délivrer. Elle n'a jamais su ouvrir les bras, enlacer avec fougue... embrasser. Elle s'est rétractée d'un côté, alors elle toise de l'autre.

Pauvre corps, personne n'a jamais su le regarder. Elle ne sait même pas comment le montrer.

Petite fille ignorée, rangée dans un coin, qui n'a le droit de vivre que si elle se fait oublier.

Elle continue avec son fils ; comment pourrait-elle l'aimer autrement ?

Elle continue avec elle-même : effaçant la femme, la poitrine rentrée, les pieds en dedans, le bassin fermé, les mains attachées.

Elle voudrait bien séduire, mais c'est interdit : interdit la sensualité, interdit de se faire remarquer.

Bien sûr, elle brille au-dehors en femme guindée couverte de bijoux. Mais elle brille pour cacher sa misère : séduction par l'émeraude quand le corps ne sait pas émouvoir.

Elle brille de respectabilité, pour s'en sortir. C'est de ses parents dont elle nous parle. Son corps n'arrive pas à s'en défaire. Il se rappelle, il se rappellera toujours la petite fille oubliée.

Ma phrase resta en suspens. César attentif scrutait la scène. Je voyais bien qu'il essayait de me rejoindre dans les mots, pesant le frisson, se hissant jusqu'à ma contagion.

– Oh ! regarde César, regarde ! As-tu vu comme elle offre un goûter à son fils ? Tout est là, le drame se perpétue. Elle ne sait pas offrir avec ses mains. Elle ne sait pas s'offrir dans la brioche. Lui aussi, elle l'ignore. Elle l'a rangé dans un coin. A travers lui, «ça» recommence. Oh ! mon Dieu, c'est terrible : elle est mère parce qu'elle ne peut pas être une maman.

Elle a peur de l'enfant, regarde comme elle en a peur !

Elle lui impose ses règles, la pauvre, celles qu'elle a apprises.

Elle a tellement peur qu'il se mette à rire et à courir, à faire des bêtises comme les autres enfants. C'est ter-

rible pour elle, si terrible l'envie de vivre d'un enfant.
Ils vont se faire remarquer ! Et cela, c'est interdit.

Alors elle l'habille en poupée triste pour briser ses
élans. La serviette autour du cou, et les miettes que l'on
guette... Halte au sourire. Cet enfant, le sien, il ne va
quand même pas se montrer !

La vois-tu, César, sa petite marionnette, son pantin : à
table les mains propres, et la terreur de se tacher.
La vois-tu, César, cette petite vie enfermée à son tour
dans une image étroite pour lui paralyser les mains, lui
passer l'envie de jouer.

Peu importe qu'il souffre. Elle ne le sait même pas.
C'est pour son bien. Son bien à elle, caché derrière son
bien à lui...

César se rapprocha encore, son épaule frôlait la
mienne.
Comme pour m'encourager, il dit à voix basse :

— Mon Jacques tu es ivre, alors je peux venir, alors tu
m'entraînes... voilà les « grands yeux » !

Et c'est vrai, ma vue devait frôler les bordures du
soleil. Nous n'étions plus seulement spectateurs du
drame. Quelque part nous devenions acteurs supportant
la brûlure des souffrances.

— Il l'aime cette maman, c'est la sienne. Il est prêt à
tout pour la garder. Il sait le danger des bras ouverts.
Aussi, il a appris les gestes qu'il faut, pas plus.
Il a choisi le monde austère des adultes pour faire
plaisir aux grands.

Regarde ses petites épaules et ses yeux baissés. C'est
là qu'il sait. C'est là qu'il enferme le secret. Son petit
corps grimace, mais il tient.

Et ses coudes au corps comme un oiseau sans ailes, les genoux serrés, les pieds sagement au sol. C'est là qu'il se retient.
Petit bonhomme héroïque gardant solidement sa place.

Était-ce de moi ? Etait-ce de lui dont je parlais ? Toujours est-il que sa souffrance devint la mienne. D'ailleurs, est-on capable de voir au-dehors autre chose que ce qui existe audedans ?

César, lui aussi, devait partager tout le drame. Car il s'exclama brusquement :

– Ça y est, Jacques, je vois !
Tu es contagieux.

Emporté dans mon élan, je fus repris. J'étais l'enfant mettant en mots ce qu'il vivait en actes.

– Oh ! César, as-tu vu le regard d'envie qu'il jette sur les autres enfants ?
Ça lui échappe, c'est plus fort que lui.
Comme il aimerait courir avec eux derrière le ballon !
Il se trahit, il se débat. Il s'accroche à sa brioche.
A-t-il seulement le droit de les envier ? En cachette : oui, en cachette seulement !

Il mange, il boit sagement : en prison. Il le sait, c'est ici son coin.
Il connaît la règle : coûte que coûte être invisible.
Quand on a cinq ou six ans, qu'y a-t-il de plus beau que les yeux de sa maman ?
Petit bonhomme, IL A CHOISI DE S'ÉTEINDRE AU-DEDANS POUR LA PROTÉGER, cette maman... la sienne.

Ma dernière phrase s'étira comme une plainte. César

acquiesca en silence. J'étais fatigué, mais heureux. Mes yeux continuèrent à voir le drame de plus en plus transparent, même le père pourtant absent.

Cependant les mots restèrent blottis dans mon silence.

Sans quitter la terre, Jacques ne venait-il pas d'apercevoir le ciel ? César avait raison. Il n'y a pas de magie en cela, pas de pouvoirs surnaturels. C'est ordinaire, une simple affaire de cœur et cela suffit !

Je compris soudain toute la mise en scène patiente du vieil homme depuis quinze jours. Thérèse morte, il avait eu peur de ma chute. Profitant de mon cœur à nu, il m'avait accouché : couronné d'une visite vers le meilleur de moi-même.

Avant lui, ai-je seulement existé un instant ?

Ça ne se fait pas entre hommes, pourtant, en me tournant vers lui, je n'ai pu me retenir de l'embrasser. Il était heureux pour moi, c'est un comble quand même. Il me glissa d'un air complice :

– Tu as reçu le cadeau de « l'œil qui voit ».
Voilà à quoi tu sers sur terre.

Aujourd'hui, je le sais bien. Il suffit de me retourner. César, ce jour-là, à la terrasse du grand café, m'a fait prendre une route que je n'ai jamais plus quittée.

– Qu'est-ce que la fatigue ?
– L'ancien rythme : pause entre deux sons
  Vous ne pouvez pas être fatigués
  si vous agissez dans le Nouveau.
  Si vous êtes fatigués, c'est la toute petite mort.

Dialogues avec l'Ange

Chapitre 19

LA FATIGUE MYSTÉRIEUSE

Le matin de son départ, César insista encore sur l'expérience de la veille. Il répétait sans cesse :

— Il n'y a qu'un seul projet : rencontrer «celui qui t'accompagne».
Il n'y a qu'un seul métier : servir les «grands yeux».

Ensuite je l'entendis grommeler sous sa douche. Le monde moderne lui causait bien des tracas. C'était tantôt chaud, tantôt froid, mais jamais la température voulue.
Il était encore tout mouillé, quand il se précipita dans la cuisine enroulé dans une serviette. J'ai même cru qu'il était arrivé une catastrophe.

— Thérèse a eu sa rencontre, maintenant tu as eu la tienne.
Peux-tu encore en douter ?

Fais attention, mon Jacques! A partir d'aujourd'hui tu ne peux plus simplement passer sur terre.
TU ES CONVOQUÉ.

Puis il retourna dans sa chambre ranger son bagage. Il voulut à tout prix qu'un taxi le conduise à la gare. Il se fâcha même devant ma déception infantile. Puis il se moqua de moi.
Depuis hier, n'avais-je pas mieux à faire que de raccompagner un vieillard à son train? Il ajouta même:

– Ce que les autres font aussi bien que toi, laisse-leur!
Car maintenant tu es attendu ailleurs, là où personne ne peut le faire à ta place. Voilà ta nouvelle dignité.

C'était touchant de voir à quel point, pour lui, j'étais un autre dorénavant. Il n'avait aucun doute. Il avait même changé sa manière de me regarder, laissant filtrer un respect qui me laissait perplexe. Pour lui, depuis le grand café, j'étais un homme convoqué par une tâche à accomplir. Et c'était tout.

Même si je n'en étais pas très conscient, il l'était pour deux.
Le reste, il s'en moquait. Bien sûr que cela prendrait du temps, et alors?

Le taxi était en bas qui l'attendait. En nous dirigeant vers la porte, nous sommes passés devant le portrait de Thérèse. Il eut un sourire amusé.
Sur le palier il se retourna, me confiant d'un ton grave:

– Maintenant, tu es un ÉCLAIREUR, mon Jacques, dans les deux sens du terme.
Mais il ne suffit pas de voir, cherche comment t'en servir. Cherche comment LE SERVIR.

Message reçu : cinq sur cinq, mon César. La graine semée au grand café devait maintenant germer.

Soudain, cela me parut une responsabilité immense, comme si l'univers m'attendait, suspendu à une preuve. Une preuve que je devrais fournir. Mais quelle preuve ?

J'ai couru jusqu'à la fenêtre pour lui faire un signe. Quel idiot je faisais ! Il ne leva même pas la tête. César n'est pas homme à marcher de l'avant en regardant derrière. J'aurais dû y penser.

Après son départ, quel vide ! Je me suis assis dans le salon. Peu à peu une foule de questions m'attaqua en ordre serré :

Qu'est-ce que je vais en faire de mes « grands yeux » ?

Et puis, qu'est-ce que cela veut dire : servir ? Aider les hommes c'est bien beau, mais qui a besoin de moi ?

En fait, César ne m'avait rien dit. A peine passé le coin de la rue, il me manquait déjà.

En approchant de mon bureau, je vis la montagne de courrier en attente et mon répondeur téléphonique gorgé de messages. L'air devint irrespirable.

Sans même y prendre garde, j'étais retourné dans les mille détails qui nous empoisonnent la vie.

Les jours passèrent ainsi.

Oui, mais voilà, les « grands yeux » brillaient par leur absence. Et je me sentais envahi d'une nostalgie inconsolable.

Que me restait-il du grand café ? Je me gaspillais dans une quantité de petits tracas, usant mon énergie à tourner en rond.

Insupportable évidence d'une nouvelle indignité qui m'accablait.

Tout devint lourd. Voilà les premiers résultats de ma trahison des « grands yeux » : mon travail, mon appartement, mes distractions furent de plus en plus pesants. Tout devint si lourd, qu'un matin je compris que pour grandir il me fallait mettre de l'ordre : éliminer le poids inutile.

Cela commença par mes vêtements. On garde, on entasse. Nos placards s'alourdissent et nos têtes s'encrassent.

C'est pareil pour les papiers, les souvenirs et j'en passe. C'est un poison subtil, tout ce stockage inutile. Ça prend la place au-dehors, parce qu'au dedans, dans nos têtes, c'est la même chose.

Puis vint le tour de mes distractions, de mes soirées : sus au lourd, je ne garde que le léger !

Ah ! l'insupportable oisiveté de tous mes week-ends ! Toujours les mêmes amis, les mêmes blagues, les mêmes restaurants, les mêmes promenades. Mais comment faire ?

Peu à peu, Jacques s'aperçut qu'un certain secteur de pesanteur était inévitable : son travail, la famille, toutes ces obligations qui nous font appartenir à la société. Et là, il s'enlisa.

Jacques s'enfonça ainsi dans une saturation grandissante. Et ce qui devait arriver arriva. Le scénario de sa vie commença à s'enrayer.

Au début, rien de grave, seulement quelques avertissements.

Ce fut d'abord la matière qui se mit à résister : une suite de petits incidents venant accaparer toutes ses journées. L'évier qui se bouche. Le pot de confiture qui tombe sur la moquette. Le pare-brise de la voiture qui vole en miettes. Pour finir, il avait même perdu sa carte d'identité ainsi que son carnet de chèques au supermarché.

C'était trop, vraiment trop, cela tournait à la raclée céleste !

Vint ensuite une fatigue mystérieuse qui s'installa peu à peu.
Au début, Jacques mit cela sur le compte de ses multiples activités. Il se coucha plus tôt, s'octroyant même quelques grasses matinées.
Mais cela ne changea rien.

Bien au contraire, cela s'aggrava. Force lui était de constater : le repos physique n'était pas suffisant.
Un matin, ce fut pire encore. Il ne parvint plus à se lever.
Le médecin qui vint l'ausculter diagnostiqua un excès d'activités professionnelles allié, disait-il, à la fameuse remise en cause de la quarantaine. Mais où vont-ils chercher tout ça ?

Quelques jours plus tard les vertiges firent leur apparition.
Le traitement n'avait aucun effet.
Même ce bon docteur Janet ne comprenait plus ce qui m'arrivait. Votre quarantaine n'est pas assez dépressive pour justifier de tels symptômes, me disait-il. Il faut faire des analyses.

Je me donnais l'impression d'un enfant tombant malade pour ne pas aller à l'école. Je le savais bien, moi, ce qui m'arrivait. Mon école, c'était le bureau.
J'en avais marre de ce travail, marre de cette vie. Mais je n'avais ni le courage, ni les idées pour tout changer.
L'effet de la graine entraînait décidément des ravages. César avait raison, sans même que je le veuille, depuis la terrasse du grand café ma vie avait basculé.

Les analyses se révélèrent négatives. Je le savais bien

LES CENT PAS DE JACQUES

que je n'avais rien, sinon une carence dans mes décisions. Mes amis se succédèrent en cortège au pied de
mon lit.

Dans un chœur unanime, ils vinrent aussi régler leurs
comptes :

« Voilà le résultat de tes bêtises. Ah ! tu nous fais bien
rire, tu vois où cela te mène, ta nouvelle vie. On te
l'avait bien dit de te méfier de ton César... »

Début octobre, tout s'accéléra encore. A croire que
plus j'étais sourd, plus le ton montait. Comme si
quelqu'un déplaçait tous les pions de ma vie pour que je
n'aie plus aucun espoir de retourner en arrière.

Une brouille profonde me coupa de ma famille. Au
point que le cabinet immobilier me ferma ses portes. Un
rappel de retraite sur trois ans m'était réclamé par un
ordinateur scrupuleux.

Et j'avais fini par me fâcher avec tous mes amis.
Décidément tout allait mal, même ma tension s'y était
mise.

Allais-je chuter avec elle ?

Ma lettre à César eut le mérite d'être claire : plus de
travail, plus d'argent, plus d'amis et ma mystérieuse
maladie.

En quelque sorte : au secours, avant que je ne me
noie.

La réponse du vieil homme ne tarda pas.

Sauveterre, le 7 octobre.

Mon Jacques,

Tu t'épuises dans une vie, alors que c'est l'heure
d'une autre. A ce jeu on y perd son identité et pas seulement la carte du même nom.

Choisis ! Sinon la terre va se déchaîner.

Avec toi. César.

Bon d'accord ! Mais où aller ? Que choisir ? Il en avait de bonnes.
On ne change pas de vie comme ça.
Il n'y eut bientôt plus que la concierge pour s'occuper de moi. Elle faisait mon ménage et montait mes repas. Elle était un peu maniaque, mais je ne pouvais rien dire.

J'écrivis longuement à César, lui demandant de m'aider.
Pour donner une note d'humour à mon courrier, je lui fis part du martyre de ma concierge qui répétait sans cesse : « Moi, le désordre je ne supporte pas, monsieur Jacques. Il faut que je range, c'est plus fort que moi. »
Quelques jours plus tard, une nouvelle lettre était là.

Sauveterre, le 16 octobre.

Écoute ta concierge !
Un jour tu ne supporteras plus le désordre des hommes. Alors il faudra que tu aides, et ce sera plus fort que toi.
Seul celui qui VOIT le désordre CONNAIT LES ACTES qui conduisent à l'ordre.

Maintenant décide !
Accepte de perdre un peu et tu recevras beaucoup.

Avec toi. César.

La voilà ma réponse, c'était évident : il ne suffisait pas de voir la souffrance d'autrui, encore fallait-il l'aider, trouver l'acte qui la soulagerait. Faire le ménage, quoi !

Cela eut le mérite de m'asseoir dans mon lit, stupéfait de ma propre découverte. Ainsi donc les « grands yeux » n'étaient que la moitié de ma Tâche, en quelque sorte un ordinateur céleste me montrant le désordre. Il me restait l'autre moitié : mettre en ordre. Voilà, j'y étais : femme de ménage intérieure c'était mon nouveau statut, ma nouvelle dignité. Etre le serviteur des « grands yeux » par les actes.

Il allait falloir que je commence par moi-même. « Celui-qui-m'accompagne » ne m'indiquait-il pas le problème ? A moi de trouver la solution, les actes pour le résoudre.

Ah ! mais ça change tout ! Au lieu d'une plainte permanente la vie devient soudain une enquête policière passionnante.

Jacques se leva, cherchant une feuille et un crayon.

Il allait dresser un plan de bataille pour lui-même.

Elémentaire mon cher Watson, d'abord recenser la liste des problèmes, leur hiérarchie, leurs imbrications ; puis identifier une chronologie d'actes pour en sortir.

Il y passa ainsi tout l'après-midi, mesurant que depuis le temps qu'il réfléchissait il n'avait rien fait de concret. Au moins maintenant il aurait un plan de bataille.

Jacques ne s'en aperçut même pas : au lieu de chercher à survivre au milieu des décombres, il s'était retourné vers les fondations d'une nouvelle vie.

C'est à peine croyable, d'ailleurs le médecin n'en est pas revenu.

Sous l'effet de cette vitamine C – comme céleste – la tension redevint normale. On aurait dit que la décision avait suffi, simplement le changement de cap. A travers quelques coups de téléphone, Jacques sentit la situation se débloquer. Mille petits signes lui indiquaient la bonne direction.

La fatigue fut plus longue à passer. Attendait-elle des actes concrets ? Si la tension semblait se rétablir avec des projets, les muscles, eux, réclamaient de l'action.

Quelle étonnante intelligence du corps !

Puissance de la décision, rendant sa liberté au sang.

Puissance de l'acte, nourrissant la chair pour combattre la lassitude.

Il fallut une quinzaine de jours à Jacques pour mettre un peu d'ordre dans sa vie. La fatigue, les tensions, les ennuis furent littéralement balayés, laissant la place à un enthousiasme d'aventurier.

Bien sûr, tout restait à faire. Mais il était sur la bonne voie : il allait changer d'appartement et il avait trouvé un travail à mi-temps qui lui permettait de reprendre quelques études pour se mettre à jour médicalement.

D'ailleurs le purgatoire dut paraître suffisant. Car après les épreuves, vinrent les cadeaux.

Nous étions en novembre. Un ami qui partait pour deux ans à l'étranger lui offrit gratuitement son appartement. Quelle économie !

César, informé de l'évolution des choses, ne tarda pas à lui répondre.

Sauveterre, le 7 novembre.

La terre a relâché son étreinte. L'hiver est fini.

Fais attention au printemps ! Ne remplace pas l'agitation d'hier par celle d'aujourd'hui.

Tout te sera donné sans même que tu bouges.
Ouvre tes « grands yeux » et tu sauras reconnaître ce qui vient.

Avec toi, mon ami.

César.

Quel magicien ! Comment pouvait-il prévoir ce qui allait m'arriver ?

Mais vous, vous êtes Printemps.
A votre contact naissent de nouvelles Oreilles,
naissent de nouvelles Mains, naissent de
nouveaux Yeux, et s'ouvre le Nouveau.
Que le miracle ne soit pas en toi, mais par toi.

Dialogues avec l'Ange

Chapitre 20

MÉDECIN DES ACTES

Cela devait être un vendredi : le jour du ménage.

Comme à son habitude, Madame Gachin, la concierge, s'activait énergiquement sur la poussière de mes meubles.

Quelle curieuse femme ! Chaque chose était prétexte à un commentaire. Par un étonnant phénomène d'associations d'idées, chaque objet lui évoquait quelque chose à dire.

Elle en était saoulante. Elle se moquait d'ailleurs que je l'écoute ou non. Elle parlait pour elle. De temps à autre, elle ponctuait ses explications en m'interpellant bruyamment : « Hein ! Monsieur Jacques... »

C'était pour moi le signal d'un nécessaire hochement de tête approbateur, sans trop savoir de quoi il s'agissait.

Bref, nous avions nos codes, et chacun pouvait vaquer à ses occupations.

Ce matin-là, elle était soucieuse. Chaque détail la ramenait à son fils. « C'est comme mon petit Jean », disait-elle sans cesse, à propos de tout et de rien. Il faut reconnaître que l'adolescent en question lui donnait beaucoup de tracas. De nature chétive, il était sujet périodiquement à un mal de dos qui le clouait au lit.

Et puis, il y avait son mari, un homme un peu aigri dont la seule passion était les fleurs et les plantes d'appartement. Il ne s'entendait pas avec l'adolescent, chacun rejetant le monde de l'autre. En plus, la puberté du fils n'arrangeait pas les conflits.

— Ils se chamaillent tout le temps, c'est pas une vie. Hein ! Monsieur Jacques.
D'ailleurs, rajouta-t-elle, ils se sont encore disputés hier soir.
Résultat, mon Jean est couché ce matin. Son dos lui fait mal.

Pour une fois, je l'avais écoutée. Assis à mon bureau pendant qu'elle me papillonnait autour, je n'avais pas pu m'empêcher de sursauter à sa dernière remarque.
Ainsi, son bon sens naturel lui avait fait comprendre la maladie de son fils.
J'en étais étonné.
Tout à ma réflexion sur cette simplicité perspicace, je m'entendis lui répondre par inadvertance :

— Il faudrait leur trouver une occupation commune, comme ça ils ne se disputeront plus.

Elle fut horrifiée par cette idée. Pensez donc, ils ne se supportent déjà pas, répéta-t-elle plusieurs fois croyant que je ne l'avais pas comprise. Ils n'arrivent même pas à se mettre d'accord sur les programmes de télé !

Allez savoir pourquoi, cet épisode du matin occupa mon esprit la journée durant. On aurait dit qu'une pièce manquante de mon puzzle intérieur se révélait dans cette anecdote.

Bon, d'accord ! ma réponse était un peu facile, mais il y avait là une piste à creuser, une sorte d'enquête à mener pour trouver un acte ou une situation permettant de les rapprocher.

Après tout, n'étais-je pas comme à la terrasse du grand café, mais cette fois-ci devant un fils et son papa ? Il n'était plus suffisant de voir, il me fallait trouver un moyen de les aider ; un moyen subtil pour qu'ils se rencontrent sans même qu'ils s'en aperçoivent.

Brusquement ce simple fait divers devint une énigme passionnante, une sorte de challenge où par un petit conseil adroit je devais être en mesure de restaurer la situation.

Durant les jours qui suivirent, mon esprit fut totalement accaparé par mon enquête. A chacune de mes entrées ou sorties de l'immeuble, je passais prendre des nouvelles du petit Jean. Ils ne tardèrent pas, devant tant de sollicitude, à m'inviter à prendre un verre, ce qui eut pour effet de me faire connaître tous les protagonistes du drame.

Mais c'est encore cette bonne madame Gachin qui me mit sur la piste. Décidément, son bon sens était plus efficace que mes « grands yeux » ! En rentrant de mes courses, j'étais passé à la loge et c'est là qu'elle me confia :

– C'est de pire en pire, on va lui faire des piqûres.
Moins son père le regarde et plus il se bloque. Mon mari, ça l'agace. Il dit que c'est un bon à rien. Moi, je ne sais plus quoi faire avec eux deux.

En montant, avec mes commissions sous le bras, j'étais préoccupé par leur situation. J'ai rangé les légumes dans le frigo, changé l'ampoule de la cuisine et remis du papier dans les w.c.

Rien à faire, je ne pouvais pas m'empêcher d'y penser. César ne m'avait-il pas écrit : « Un jour tu ne supporteras plus le désordre des hommes, alors il faudra que tu les aides et ce sera plus fort que toi. » Eh bien, j'en étais là ! On aurait dit qu'une sorte de bilan se faisait malgré moi, comme un enquêteur essayant de mettre en ordre ses indices.

D'un côté, le fils essayant désespérément d'intéresser son père, quitte à en être malade. De l'autre, un homme aigri ne désirant qu'un enfant solide à son image. Pas une mauviette, quoi !

Pauvre Jean ! Son dos criait son désespoir. Sa colonne vertébrale semblait nous raconter les tâtonnements d'un adolescent qui cherche sa verticalité, les errances d'un enfant qui veut prouver à son papa qu'il est grand.

Tout en préparant mon repas, cela me parut de plus en plus évident. Pour que le père s'intéresse au fils, il faudrait d'abord conduire le fils auprès du père. Souvent César me l'avait répété : « Si tu veux recevoir, donne d'abord. »

Ainsi, tout naturellement, le père reconnu se tournerait vers l'adolescent.

Il me fallait donc trouver une activité où le père serait un « spécialiste » dont le fils viendrait chercher les conseils.

C'est allongé sur mon lit pour une courte sieste, les yeux rivés au plafond, que la solution a surgi. Comment n'y avais-je pas pensé avant ?

Le père n'était-il pas un de ces maniaques qui parle à ses fleurs autant que sa femme parle aux objets ?

Bien sûr, le fils avait essayé de l'imiter, mais en vain. Voilà, j'y étais. Il me suffisait de prétexter mon incapacité à entretenir mes plantes, de proposer un peu d'argent au fils pour le faire à ma place. Et le tour était joué.

A coup sûr, fier d'avoir été choisi, reconnu par un autre, il le dirait à son père. A coup sûr il allait s'appliquer à nous épater, et pour cela il demanderait sûrement conseil au vieil homme. Ensuite, on verrait bien.

La proposition fut faite. Elle enthousiasma même le jeune garçon.

Comme prévu, le fils voulut faire ses preuves à mes yeux.

Comme prévu, selon les dires de madame Gachin, les discussions allèrent bon train, chacun étant heureux que l'autre puisse l'aider.

Allez, je peux bien vous le dire, j'ai même acheté une ou deux plantes supplémentaires, faisant croire à des cadeaux.

Ah ! quelle ruse, j'en étais sûr, les problèmes de dos allaient s'arranger. Mieux encore, en retrouvant son fils, peut-être que le père allait pouvoir calmer son éternel ulcère. Sait-on jamais !

La démarche de Jean devint en quelques jours plus souple. D'ailleurs je ne savais pas ce qu'il faisait à mes fleurs, mais elles étaient éclatantes. Le père était moins grognon, moins acide et son estomac s'en ressentait. Comme ils parlaient davantage tous ensemble, chacun avait moins besoin de parler aux fleurs et aux objets. Je fus stupéfait de voir à quel point ce petit stratagème n'en finissait plus de modifier leurs êtres.

Un matin ce fut le comble. En passant devant la loge, je vis madame Gachin toute seule.

« Alors, et vos hommes ? » me suis-je écrié. Toute à son nettoyage, elle me répondit sans même se retourner :

— Ils sont allés voir pour acheter une mobylette à Jean.

Elle se tut un instant, puis deux, ce qui est rare chez madame Gachin. Et voyant que je restais planté au milieu de sa cuisine, elle reprit :

— Oh ! dites monsieur Jacques, j'ai fait ce que vous m'aviez conseillé. Je leur ai trouvé une occupation commune : repeindre la cuisine. Eh bien ! ça n'a pas marché.
Vous ne savez pas ce qu'ils m'ont fait ? Ils étaient tous les deux contre moi.

Pauvre femme, elle n'avait rien compris. Son bon sens avait des limites. Là, sous ses yeux, les deux hommes s'étaient retrouvés au point de pouvoir faire front ensemble. Au point qu'ils aillent choisir tous les deux la mobylette de la réconciliation.
Elle était magique, cette mobylette. Un acte avait suffi pour que la boule de neige aboutisse à cet achat. La maladie de Jean n'avait plus lieu d'être : il était reconnu.

A première vue, on se dit c'est extraordinaire. Pas du tout ! Il y a bien des aiguilles d'acupuncture restaurant la bonne circulation des énergies. Et puisqu'il existe une homéopathie des granules, pourquoi pas alors une homéopathie des actes ? Une sorte de nouvelle manière de se soigner, restaurant la bonne circulation de nos amours.

Ma tête allait exploser. Toute la journée, puis la suivante, j'ai accouché sur le papier de cette nouvelle compréhension. Chaque maladie, n'est-elle pas toujours due à un acte qui nous manque et à un corps qui crie l'impérieuse nécessité de l'accomplir ?
J'en perdais le boire et le manger, me relevant la nuit

pour compléter mes notes. J'étais dans un état d'exaltation extrême, comme porté par la création qui sortait de
moi.

A travers ma découverte, je sentais la réjouissance de
« celui-qui-m'accompagne ». Je sentais les « grands
yeux » heureux que je sois enfin leur serviteur.

Une science des actes, que dis-je, une médecine des
actes en tout point comparable aux médecines clas-
siques était en train de naître.

Voilà cette preuve que l'univers attendait de moi.

Une fois encore, César avait eu raison : tout m'était
donné sans même que je bouge. Après l'hiver, le printemps.

Maintenant j'allais pouvoir lui écrire. Maintenant je
commençais à entrevoir la forme de mon service, de ma
Tâche sur terre, là où personne ne peut agir à ma place :
médecin des actes.

Quel beau titre !

Oh ! Bien sûr, ce n'était qu'un début, un balbutie-
ment. Et j'eus le sentiment que cela ne faisait que commencer.

Je n'eus même pas à chercher pour continuer mon
expérimentation secrète.

Tout me fut servi sur un plateau.

Que ce soit au tennis, ou encore dans notre club de
randonnée, toutes mes activités devinrent très vite le
théâtre de mes conseils d'actes.

Je faisais des fiches, menant plusieurs enquêtes à la
fois. Chaque rencontre nouvelle me passionnait.
D'ailleurs je me gardais bien d'en parler, on m'aurait
pris pour un fou. Peu à peu, il y eut même un véritable
bouche à oreille concernant ma ruse à traiter certains
problèmes.

Cela me valut quelques succès dont j'étais le seul à savourer la victoire, mais aussi des échecs retentissants me permettant de tirer des leçons nouvelles.

On était début décembre. Je m'étais résolu à ouvrir un cabinet. Sous couvert de mon titre de médecin, j'allais pouvoir, à ma guise, tester mon nouveau médicament : les actes.

Un après-midi, alors que je remplissais les interminables formulaires nécessaires à ma nouvelle installation, on sonna à ma porte. J'en suis sûr, c'était le neuf décembre, impossible de l'oublier. Le « Hasard » avançait un nouveau pion, un nouveau bourgeon pour mon printemps.

Soyez au sommet,
toujours au sommet,
nous y sommes !

Dialogues avec l'Ange

Chapitre 21

TENON ET MORTAISE

— Bonjour, je m'appelle Julien Guéraud. Vous ne me connaissez pas, mais j'ai entendu parler de vous. Pouvez-vous m'accorder quelques instants ?

Il était grand, imposant même, pourtant une indéfinissable douceur se dégageait de son visage. Un gros poupon costaud, quoi ! Je sentis qu'à travers lui, le « hasard » me faisait un clin d'œil.

Allez savoir d'où l'on sait tout cela ?

Je l'aurais juré, le ciel me préparait une surprise. Vous savez, le genre de situation où l'on rencontre celui qu'il nous faut, au moment où il le faut. Aussi étais-je aux aguets.

Passées les présentations d'usage, il entra dans le vif du sujet. Julien avait su, par un ami commun, la vie que je menais avec César. J'ouvris les yeux, complètement ébahi, impatient d'entendre la suite. Je n'eus guère à attendre car il poursuivit en me racontant sa propre histoire. Mais où voulait-il en venir ?

Son enfance, ses études, ses problèmes de couple. Bon d'accord ! et après...

Eh bien justement ! Il m'avoua que lui aussi occupait son temps près d'un autre César. Un César japonais, dont j'ai oublié le nom, qu'il avait rencontré au cours de ses nombreux voyages.

En quelques minutes, ce fut le déclic, le coup de foudre. Enfin quelqu'un qui vivait la même chose que moi ! Enfin quelqu'un avec qui j'allais pouvoir partager les innombrables anecdotes de ce genre d'aventure. Je croyais rêver. Quel merveilleux cadeau venait de m'offrir le destin !

Nous avons échangé nos tribulations, nos leçons, nos erreurs et les folles extravagances de nos Césars respectifs. Bien sûr, en plus de notre connivence immédiate, chacun mesurait l'autre, chacun estimait le César de l'autre.

Bientôt, il n'y eut plus de doute. Nous vivions bien le même voyage. En quelques minutes notre amitié fut vieille d'un siècle, à croire que le temps n'existait pas entre nous deux.

Mais ce n'est pas tout, le ciel me réservait une seconde surprise. J'avais envie de revoir Julien, et bien j'allais être servi ! Il me confia qu'il cherchait un local pour travailler selon une technique apprise auprès de son César.

Ce que c'est que la providence quand même ! Justement je disposais d'une grande pièce vide dans mon futur cabinet. Justement j'avais envie de le revoir.

Il me fallait quand même savoir de quoi il s'agissait. Quelle technique ? Et pour quoi faire ?

C'est à peine croyable. Et pourtant je vous jure que je

n'invente rien. Une troisième surprise m'attendait, dépassant de loin les deux autres.

Il me raconta dans le détail les principes de sa « méthode ». J'en étais bouche bée. Elle était point par point complémentaire de ma médecine des actes.

Jugez-en !

Il se servait du corps, uniquement du corps, travaillant en silence, considérant que la chair porte les traces de toute notre histoire.

Imagine un menteur, disait-il, si tu le prends en flagrant délit de mensonge, il réagit, s'agite, se justifie, rougit.
Eh bien, ne sommes-nous pas tous cet éternel menteur ? Entre ce que nous voulons paraître et ce que nous sommes vraiment, n'y a-t-il pas toujours une histoire que nous racontons aux autres ?

Notre corps porte ce « mensonge » et toutes nos raideurs en sont le récit.
Mais il est incapable de tricher : il suffit d'une main habile, s'attardant sur les endroits tendus, lui indiquant : « Je t'ai vu » pour que notre chair soit soudain prise d'une agitation RÉVÉLATRICE.
Cette agitation est pour moi comme un livre ouvert, me racontant les blessures de ce corps, me racontant l'histoire qui l'a obligé à mentir.

Il rajouta : avec moi, les gens retrouvent leur passé pour comprendre les embûches de leur présent au lieu de se battre contre elles.

Ça alors, j'en étais stupéfait.
Ne posait-il pas sur le corps pour le sur-prendre, les actes que je conseillais dans la vie ?

Comme elle est puissante, cette main qui ne cherche ni à guérir, ni à transformer les autres, mais seulement à souligner : « Je t'ai vu. »

Comme elle est pleine d'amour, cette main qui loin de juger, sanctionner, guider, se contente d'être un silence qui agit.

Je me suis levé pour nous resservir un whisky, ne pouvant m'empêcher de lui faire part de mes propres découvertes.

Il n'en revenait pas. A son tour il était bouche bée. Lui aussi apercevait dans ma réflexion des prolongements à la sienne.

Quel incroyable cadeau ! Il m'offrait l'explication par le passé. Je lui apportais la solution par le présent. Mises bout à bout, nos deux approches devenaient d'une efficacité redoutable. Il nous fallait tester tout cela, nous servir du passé non plus comme d'une explication stérile, mais pour conduire à l'acte.

Nous sautions de joie. Je crois bien que notre exaltation nous fit boire plus que de raison. Notre mariage était total.
J'eus le sentiment que l'univers s'amusait à assembler les pièces d'un grand puzzle.

Au moins, il pouvait être rassuré, le tenon et la mortaise allaient bien ensemble. Impossible d'en douter.
Non seulement nous nous complétions, mais en plus chacun allait progresser dans sa propre direction.

Que dire de plus, c'est à peine croyable. De temps à autre il faut savoir se retourner pour mesurer le chemin parcouru : la mort de Thérèse, le grand café, la fatigue mystérieuse et maintenant le ciel s'appliquant à me préparer. En six mois à peine, toute une vie qui bascule, quittant la grisaille pour rejoindre l'aventure.

Je sentis soudain toute la tendresse de «celui-qui-m'accompagne» penché sur mon épaule. Toute la puissance de son haleine organisant mon hasard pour que j'atteigne le meilleur de moi-même.

Julien et moi on ne se quittait plus. Et notre maladie s'appelait passion. Chacun écrivait à son César, ensuite nous partagions la lecture de leurs réponses. Croyez-moi, ça chauffait! Plus nous nous connaissions et moins les mots devenaient nécessaires. On se sentait, on se pressentait.
Chacun faisait part à l'autre de ses doutes, de ses joies, de ses tâtonnements.

Bientôt le cycle des jours n'eut plus d'importance, seule notre passion nous guidait.
Même nos fêtes étaient à la mesure du reste. Nos Césars ne nous avaient-ils pas appris la folie?

Un soir, on nous refusa l'entrée d'un grand restaurant, le genre «tenue correcte exigée». On ne rentre pas avec un pull, monsieur. Ici, il faut la veste et la cravate. On croit rêver.
Qu'à cela ne tienne, nous étions ressortis fermement décidés à dîner dans CE restaurant.
Julien s'est précipité sur le premier passant venu, désireux de lui acheter ce qui me manquait. Mais il échoua.
Alors il eut une idée. Il se rendit dans le restaurant d'à côté. Je le voyais à travers la vitre en pleine conversation avec une tablée déjà installée.

Il ressortit triomphalement, m'offrant une veste et une cravate inespérées. Contre une bouteille de champagne,

il avait obtenu que l'on nous prête le déguisement
nécessaire pour aller manger.

Voilà, c'était notre musique, notre air. L'époque était
propice à toutes les extravagances.
Vers la mi-janvier nous avons commencé à travailler
ensemble. Julien avait sa clientèle et moi la mienne. Il
nous arrivait parfois de nous confier des cas quand
l'autre méthode nous semblait plus adaptée.
Au bout de quelques mois, il n'y eut plus deux, mais
une seule approche ; seules nos personnalités différentes
les rendaient encore distinctes. Notre cabinet marchait
fort, nous étions autant aimés que haïs. Qu'importe,
notre curiosité insatiable nous portait par-dessus tout.

César avait passé l'hiver dans la neige, ce qui eut
pour effet d'espacer notre correspondance. Là-bas, le
courrier met déjà deux jours entre Sauveterre et le village.

Nous étions début avril, le printemps s'annonçait.
Un matin je reçus une courte lettre qui à elle seule
résumait bien ce que nous vivions.

Sauveterre, 6 Avril

L'hiver est fini, pour toi aussi.
As-tu reçu selon ta faim ?
Mon ami n'oublie pas : celui qui sert
règne par les « grands yeux ».
Celui qui règne, sert par l'acte.

Avec toi. César.

Et puis tout se précipita. Quelques jours plus tard je
reçus un coup de téléphone d'Antoine, le voisin de
César.

Il m'annonçait que le vieil homme avait eu un malaise cardiaque. Il était hospitalisé.

En raccrochant, je devais être blême, car Julien qui passait par là me demanda si tout allait bien.

A peine ai-je eu le temps de lui apprendre la nouvelle que déjà il se précipitait vers notre secrétaire pour lui faire annuler tous nos rendez-vous.

Il revint vers moi, il était déjà habillé. Il eut ces simples mots :

— Allez, je t'emmène.

Voici le secret de la vie éternelle :
que tous tes actes, ta foi, ta pensée, ton amour
soient constants.
Tout attiédissement – est agonie, disparition –
Toute pause molle – est évanouissement, mort –

Dialogues avec l'Ange

Chapitre 22

UN MALADE... PLEIN DE VIE

Quelle chance avait eue César ! Quand on pense qu'il aurait pu tomber malade sans que personne ne le sache.

Heureusement que ce jour-là Antoine devait réparer le toit de la grange. Il l'avait trouvé livide selon ses dires, prostré sur sa chaise, au bord de l'évanouissement.

Antoine avait pris peur, il n'y avait guère que le tracteur pour les conduire à l'hôpital rural dans les plus brefs délais.

Sitôt dit, sitôt fait, il l'avait embarqué.

En arrivant avec Julien, Jacques voulut d'abord rencontrer le médecin. « Ah ! le papi de la chambre douze,» s'était-il exclamé.

« Rien de grave, rassurez-vous, c'est une petite alerte. Son cœur n'est plus tout jeune mais c'est un homme solide. »

Par contre, il fut plus sceptique quant à sa possibilité de vivre seul à l'avenir.

Décidément nous ne parlions pas du même homme : un petit papi incapable de vivre seul ! On croit rêver.
En rentrant dans sa chambre, j'eus un pincement au cœur. Mais qui allais-je donc retrouver ?

Pour la première fois je pris conscience de sa mort et de son aide précieuse. Comme c'est curieux. Pleure-t-on vraiment la mort des autres, ou bien le fait qu'ils nous abandonnent ici-bas ? Pleure-t-on sur eux, ou sur nous encore une fois ?

Il était assis sur son lit, adossé à de volumineux oreillers. Il était un peu pâle mais ses yeux avaient gardé leur éclat. On lui avait servi un repas frugal qu'il mangeait de bon appétit.
Autour de lui, trois infirmières, pas moins, dont une assise, que nous avons surprise dans un grand éclat de rire. En tous les cas, cela ne respirait pas la mélancolie.

En nous apercevant dans l'encoignure de la porte, il fut surpris et s'écria :

– Mais vous êtes là, mes amis ! Qui donc vous a prévenus ?

Les infirmières s'échappèrent comme une volée de moineaux.
L'une d'elles vint même l'embrasser en lui lançant : « Allez, il faut tout manger, papi. »

Il nous invita à nous asseoir tout en continuant sa purée.
De temps à autre, il levait la tête, scrutant Julien, comme on teste la terre avant d'y semer le grain.

En pelant sa pomme, il se moqua des médecins, des examens qu'on lui faisait subir, des hôpitaux.

Cela faisait déjà cinq jours qu'il était leur prisonnier. Cinq jours ! Antoine avait donc tardé à me prévenir !

– Ils cherchent à savoir de quoi je suis malade. Quelle importance ! Même la mort, c'est pour apprendre à sourire.
A ce jeu, les infirmières sont ma meilleure médecine.

Ensuite il prit des nouvelles de notre aventure professionnelle. Alors, où en êtes-vous ? Il nous fit expliquer dans le moindre détail, nos échecs, nos réussites. Il émettait parfois quelques objections, poussant ainsi Julien à se défendre, histoire de l'évaluer encore. La discussion courtoise devint très vite une joute impitoyable. Julien et moi, nous faisions bloc, unis dans la même passion.

César était aux anges. Chacun de ses assauts nous poussait à être plus clairs encore, nous entraînant vers le meilleur de nous-mêmes.
Brusquement, il nous lança :

– Connaissez-vous le proverbe sicilien : on connaît un homme quand on a partagé avec lui une pincée de sel.
Avec vous je suis rassuré. Vous partagez la même soif, la même passion pour une pincée de vérité.
Alors vous vous connaissez : frères de sang, frères de vérité.

Sa phrase resta en suspens. Chacun mesurait ce curieux amour qui nous liait tout trois. N'cst-ce pas d'ailleurs ce qu'il avait voulu vérifier ? Sacré César, toutes ces questions pour mesurer notre couple, c'était bien lui.

Une infirmière entra. Elle apportait un cocktail de pilules de toutes les couleurs. Il la taquina, mimant un vieillard qui ne saurait jamais avaler tout seul ses médicaments. Il ajouta même :

« Comment pouvez-vous me soigner d'une maladie que vous n'avez pas encore trouvée ? »

Entre eux, il y eut un petit conciliabule à voix basse. Une sorte de secret qu'ils partageaient avec des mines complices.

Quand elle fut sortie, César s'empressa de tout nous expliquer.

Corinne, ainsi se nommait-elle, avait fini par ne plus se ronger les ongles. Trois jours avaient suffi auprès du vieil homme pour lui en passer l'envie. Aussi avait-elle promis de lui offrir le champagne, en cachette, bien sûr !

Compte tenu du caractère interdit de l'aventure, César était doublement excité. Il répétait d'un air enjoué :

– Le champagne, c'est la boisson du sourire... ça pétille.

C'est le plus grand des médicaments.

Il décida que nous avions mieux à faire que de rester dans cet hôpital. On n'allait pas lui tenir la main toute la journée, quand même ! Il nous indiqua des promenades, des auberges où le vin était bon. Au moins le message était clair.

En sortant, il nous lança du fond de son lit :

– Si je suis malade, c'est aussi pour vous rappeler que vous êtes en bonne santé !

Dans les couloirs, nous avons croisé la « p'tite Corinne » comme il l'appelait. Visiblement, elle était déjà amoureuse du vieil homme. Elle l'avait bien compris. Elle nous parla de lui comme d'un prince.

Avec lui, on ne s'ennuie pas, avait-elle ajouté. C'est lui le malade et c'est moi qui guéris.

Elle me plaisait bien cette Corinne, petite brune aux yeux noisette. Etait-ce à cause de son amour pour mon César ?
Elle nous invita discrètement à la cérémonie du champagne en me confiant à voix basse :
– Il m'a tellement parlé de vous.

Nous avons fait nos courses, réservé deux chambres dans l'unique hôtel du bourg. Un peu plus tard, nous avons croisé Antoine qui nous invita à prendre un verre. Lui aussi se faisait du souci pour l'avenir du vieil homme.
Même Julien cherchait sincèrement différentes solutions pour venir en aide à César. Il en était touchant, surtout quand il me confia :

– Tu as vu comme il est malade... plein de vie.
Même malade, il attire autour de lui.

Si je n'avais pas fait une autre rencontre, c'est lui que j'aurais suivi.

Il était six heures quand nous sommes arrivés devant la chambre douze. Quel tintamarre ! Il y avait là une demi-douzaine d'infirmières, des femmes de service qui piaillaient comme dans une basse-cour. Et ça entrait, et ça sortait, lançant à la ronde quelques plaisanteries coquines.
Au milieu, trônant sur son lit, César régnait, un verre à la main en guise de sceptre.

Du champagne, il y en avait peu. Forcément, vu le nombre d'invités ! Mais les sourires coulaient à flot, le vieil homme avait encore gagné. Alerté par tant de bruit, le médecin fit irruption dans la chambre. Son air grave, chargé de reproches, provoqua un début de panique. Mais avant qu'il ne se fâche, le roi-César le rattrapa au vol :

– Allez docteur ! Venez donc trinquer avec moi.
Vous m'avez fait subir vos examens, eh bien voilà le mien !

Dans un coin de la chambre, je m'étais rapproché de Corinne. Le champagne devint très vite le prétexte à une autre rencontre. D'ailleurs quelques regards pudiques m'en disaient déjà long.

Ah ! le bougre, avait-il remarqué mon manège avec la jeune femme ?
Toujours est-il qu'il se lança dans un long monologue sur son infirmière préférée.

N'avait-il pas décelé en elle des qualités insoupçonnées dont il fit part à l'assemblée. Corinne en rougissait, ne sachant plus sur quel pied danser. Il nous fit entrevoir ce dont elle était capable. Puis il leva son verre presque vide en lui souhaitant bonne vie.

Curieux homme quand même ! Comme si tout à son contact était menacé d'épanouissement. Il m'avait bien poussé à la terrasse du grand café, alors pourquoi pas la jeune infirmière ?

D'ailleurs, il avait tant fait et tant dit depuis cinq jours qu'il avait fini par l'en persuader. Qui peut résister à la contagion de César ? Résister au reflet de sa beauté faisant naître le pressentiment de la nôtre ?
Aussi, Corinne envisageait son départ pour Toulouse et son installation dans un cabinet libéral.

A sa manière, lui aussi, il éveillait en chacun de nous les actes décisifs qui nous conduisaient au meilleur de nous-mêmes.

Julien était touché par cette force silencieuse n'ordonnant jamais rien, arrosant discrètement la graine jusqu'à donner faim.

César était bien un confrère, un conseiller en actes, plus discret que nous. Nul besoin pour lui d'un cabinet, d'une clientèle. Son cabinet c'était la vie, et sa clientèle : les hommes.
Jacques lui fit part de cette différence essentielle, sa liberté lui offrait une plus grande force encore.
Le vieil homme se mit à réfléchir, puis il répondit :

– Ne cherchez pas à plaire, servez la vérité en chaque être.
Ne soyez pas importants, et l'important naîtra de vous.
Servez le feu. Il éclaire ce qui est en vie, il brûle ce qui est déjà mort.

Le lendemain matin, j'étais fermement décidé à parler avec César de son avenir à Sauveterre ou ailleurs.

Mais chambre douze il n'y avait personne, personne dans les couloirs ni dans le petit local des infirmières. Où était-il donc passé ? C'est Julien, en regardant par la fenêtre, qui l'aperçut le premier. Il était assis sur un banc dans le parc, contemplant une partie de boules que d'autres malades avaient commencée.

En nous installant auprès de lui, je vis qu'il me serait impossible de détourner son attention. A peine nous avait-il salué. Je fus même surpris de son intérêt pour le jeu. Je ne m'étais pas imaginé un César amoureux de la pétanque.
Mais que savais-je de lui ? Sinon qu'avec ce « papi », rien n'était impossible !

Et puis cela se passa très vite. Il se mit à commenter ce qu'il voyait. Ironie du destin, c'était à son tour d'être

à la terrasse d'un grand café, à son tour de nous prêter
ses « grands yeux » jusqu'au réveil des nôtres.

Julien avait raison, c'était un malade débordant de vie
auquel nous avions affaire, comme si son corps faible
avait aiguisé son esprit.

A la pétanque il y a deux choses : le but, et la terre qui
y conduit.

Regarde celui-là, il vise le but sans tenir compte des
reliefs du sol. Résultat : il joue mal.

N'est-ce pas comme dans la vie ? Ceux qui recher-
chent la perfection finale sans tenir compte de leur
imperfection quotidienne.

Ah ! mon ami, il ne suffit pas d'avoir un but, encore
fautil s'occuper du prochain pas pour y parvenir.

Julien et moi, surpris par cette pétanque spirituelle,
nous ouvrions de grands yeux. C'est sûr, jusque-là nous
ne regardions pas la même chose. C'est sûr, il nous fallait hisser nos yeux vers d'autres perspectives.

Un petit homme tout rond se préparait à jouer. Il n'en
finissait plus d'étudier le terrain, d'enlever un petit
caillou parci ou de tasser une bosse par-là. Enfin il lança
sa boule et, catastrophe, elle roula loin du but. Au point
que quelques sarcasmes fusèrent dans l'assemblée.

– Tiens, tu as vu celui-là : lui, il a le sens de la terre.

Il l'étudie, il calcule les bosses, les creux, les obs-
tacles.

Il l'étudie tellement qu'il en oublie le but. Alors il ne
fait pas mieux.

C'est comme pour chacun de nous, il ne suffit pas
d'accomplir des actes quotidiens, encore faut-il les
pointer vers le but.

Puis vint le tour d'un vieil homme effacé, attentif aux
conseils de chacun. A ce moment du jeu, sa boule était
capitale. Visiblement, cela le paralysait quelque peu.

– Ah ! ça alors, c'est encore pire que les autres parce que sa main a tourné en lançant la boule. Il n'y a pas seulement la terre et le but, mais aussi celui qui joue.

Toutes les émotions du cœur descendent dans la main. Et tu jettes ta boule comme tu es jeté en pâture à tes doutes.

Il a beau écouter les conseils, il a beau savoir : il a eu peur.

Alors il perd ses moyens parce qu'il ne se connaît pas.

S'approcha alors un jeune homme du genre décontracté, prenant tout à la légère. Il plaisantait sans cesse au point que cela en devenait presque agaçant. Il joua sa boule sans trop s'appliquer.

– Celui-là fait partie de ceux qui ne savent pas jouer. C'est grave ! Quand on ne sait pas jouer, on ne sait pas vivre. Il fait du bruit juste pour ressembler à la vie.

Il ignore le mystère de tous les jeux : l'enjeu.

Il ignore que sans enjeu, il n'y a pas d'ivresse.

N'est-ce pas ainsi dans tous nos amours ?

Une infirmière passa, lançant un grand bonjour à César. Il lui répondit chaleureusement. Et sans même tourner la tête, il ajouta :

– Nos jours sont à l'image de cette partie de pétanque. Chacun de nos actes est une boule jetée sur terre. Là aussi, il y a les vrais et les faux joueurs ! Et peu importe que l'on gagne ou que l'on perde, pourvu que l'on ait bien joué... bien appris.

Cela dura ainsi pendant une heure. César devint si aigu qu'il nous sembla rencontrer l'homme en chaque joueur.

Peu à peu la science des boules devint un reflet de la

science des actes. Intrigué par tant de connaissance en matière de boules, Julien constata :

– Dites-donc, il ne doit pas falloir jouer avec vous à la pétanque !

César se tourna vers lui, un large sourire inondait son visage.

– Jeune homme, je n'ai jamais joué aux boules. Cela doit-il m'empêcher de voir la vie ?
Les « grands yeux » sont ainsi : ils ne savent pas, ils connaissent... alors ils voient.

Appelez-le,
Il vient infailliblement !

Dialogues avec l'Ange

Chapitre 23

L'INFINITIF ET LE DÉFINITIF

Nous sommes rentrés deux jours plus tard. Le temps de nous organiser pour mettre en ordre la nouvelle vie de César.

Antoine avait accepté d'héberger le vieil homme dans une petite maison jouxtant sa ferme. Ses parents avaient habité autrefois cette maisonnette. Mais depuis la mort de sa maman, elle était restée vide. Aussi, Julien et moi-même avons-nous passé deux jours à tout nettoyer.

Ensuite, il avait fallu déménager une partie de Sauveterre pour que César se retrouve dans ses meubles.

Corinne, de son côté, avait décidé avec une amie de prendre en charge les courses et tout le côté matériel de la vie du vieil homme, afin de lui éviter de trop longues marches à travers la campagne.

Tout semblait pour le mieux. Le jour de son départ, l'hôpital fut en liesse, chacun y allant de sa promesse de lui rendre visite. Même le médecin lui avait offert quelques bonnes bouteilles. Comme quoi, l'examen qu'il avait subi avait dû laisser quelques traces.

CÉSAR L'ÉCLAIREUR

Pour se rendre chez Antoine, nous devions passer devant Sauveterre. César eut à peine un regard pour sa maison, constatant seulement que ce n'était plus la peine de réparer le toit de sa grange.

Il n'y avait pas de nostalgie dans ses propos, pas la moindre trace de tristesse. Non, vraiment, il laissait son passé avec la même facilité qu'une adolescente abandonne ses poupées... Ce n'était plus l'heure, un point c'est tout.

Lui, il regardait devant, échafaudant déjà des plans pour que sa présence serve à Antoine, et que sa maison devienne un lieu de repos pour Corinne, Julien et moi.

Quel homme quand même !

Ensuite César nous offrit à tous un repas au village, sous prétexte de nous raccompagner. César, Corinne, Julien et moi, cela faisait une belle équipe dans la remorque du tracteur fièrement piloté par Antoine. Le rire n'y manqua pas, chaque bosse nous ballottant les uns contre les autres, ce qui se transforma très vite en un nouveau jeu : le rodéo populaire, disait le vieil homme.

En retrouvant notre vie, il me sembla que notre passage auprès de César nous avait mûris. Tout s'organisait beaucoup plus clairement dans notre tête : un, la place des « grands yeux », deux, l'importance de comprendre le passé qui nous enferme, trois, la nécessité de « l'acte qui libère ».

En somme, trois maillons indissociables.

Julien avait même le sentiment que nos discussions avec César indiquaient plus encore la complémentarité de ces trois temps, leur hiérarchie :

un : voir – deux : pour comprendre – trois : pour agir librement.

Quel agencement superbe !

D'abord éduquer nos « grands yeux » à lire par transparence les hommes, aussi naturellement qu'une partie
de pétanque.

Et puis, apprendre à faire parler les corps, cette chair
qui ne ment jamais et qui porte, intacte, tous les souvenirs du passé. Il faudrait améliorer encore la technique
de Julien : amener les êtres à retrouver, avec plus de
précision, leurs souffrances d'hier pour mieux comprendre celles d'aujourd'hui.

Mais, comme disait César, à quoi nous servirait donc
de constater que tous nos actes d'aujourd'hui sont pri-
sonniers de notre histoire, si ce n'était pour aboutir à un
premier pas choisissant de quitter cette répétition !

Je sentais bien que tout l'art consisterait à codifier
une sorte d'homéopathie d'actes nouveaux.

Pas de grandes révolutions, mais un patient chemine-
ment réclamant que chaque pas posé soit un pas sûr rendant facile le suivant.

C'était bien ça, je commençais même déjà à entrevoir
l'homme qui naîtrait de ce travail : non plus une vie de
gémissements continuels mais l'apprentissage du pardon et, pourquoi pas, du sourire. Il n'y a aucun endroit
dans notre société où on nous l'enseigne.

Les mois passèrent, nous étions début juin. Corinne
nous envoyait fréquemment des nouvelles. A travers ses
lettres nous mesurions l'effet César sur la jeune femme.
Elle se préparait d'ailleurs à partir pour Toulouse. Son
amie, que César avait tout de suite séduite, continuerait
à s'occuper du vieil homme.

Julien, quant à lui, faisait ses bagages. Il s'en allait,
comme tous les ans, pour trois mois au Japon, rejoindre
son César.

Que la vie est curieuse, dans ce va-et-vient d'aides qu'elle nous offre quand il est temps, puis qu'elle nous retire quand ce n'est plus nécessaire.

César, à distance, dut le sentir, car il m'envoya une courte lettre lorsqu'il apprit le départ de Julien.

Lettre du 23 juin.

Il est un amour qui ne connaît ni la distance, ni la mort.
Un amour où chacun de nous sert l'autre un temps, puis s'éloigne.
C'est un jeu divin, mon ami : celui de la place vide pour que vienne un nouveau plein.
C'est un jeu divin où chaque départ annonce une nouvelle arrivée.
Accueille tous les éloignements, toutes les morts comme une chance !
Sois attentif, d'autres arrivent pour t'emmener plus loin.
Sais-tu, rien ne meurt sans donner instantanément vie ailleurs.

Avec toi, pour toujours.

César.

Début juillet, j'ai pris des vacances, quinze jours chez des amis. Pas de téléphone, pas de courrier, quel bonheur ! Mes premières vacances d'homme heureux.
Julien parti, c'est vrai qu'une étrange solitude m'avait envahi. Rien à voir avec celle qui nous fait souffrir, bien au contraire.

Il me semblait que naturellement, un niveau de moi-même dialoguait en permanence avec «celui-qui-m'accompagne».

Comme si l'énergie économisée d'un côté m'était rendue de l'autre. Comme si en diminuant mon bavardage avec les hommes, j'atteignais enfin une franche discussion avec LUI.

Que de chemin parcouru depuis ma rencontre avec César! C'est à peine croyable, une vie qui bascule à ce point.

Plus que les résultats extérieurs, c'était l'homme nouveau qui impressionnait mes amis. Au point d'ailleurs que certains ne l'avaient pas supporté.
Était-ce parce que, sans le vouloir, ma propre transformation soulignait leur obstination à ne pas vouloir se changer?

C'est étonnant, comme souvent ils parlaient à l'ancien Jacques, à mes anciens comportements, voulant à tout prix que je sois le même. Le nouveau Jacques étonné, observait cela avec amusement. Quel délice que de mesurer ainsi sa propre transformation!

Plus que tout, César m'avait offert la confiance en moi, la conviction de ma tâche sur terre. Il me restait à la vivre.
Déjà, le mot travail avait disparu de mon vocabulaire, tant mes activités collaient à ma passion.
Plus que tout, l'emprunté, le timide, le mendiant d'amour avait fait place au Joueur.

J'étais encore plein de ce bilan en rentrant de mes vacances d'homme heureux. Même le mot vacances me paraissait incongru, tant j'avais faim de reprendre ce que j'avais laissé.

Bien sûr, une montagne de courrier m'attendait dans la boîte. Une montagne d'actes qui avaient plus ou moins marché et dont chaque client me faisait part.

Et puis une lettre de Julien, en provenance d'Osaka. Quel bonheur !

Il m'y contait son séjour merveilleux, et ses nombreuses découvertes. Dès son retour, il m'en parlerait plus en détail. Il m'annonçait aussi son désir de trouver sa propre route. Aussi pensait-il à l'avenir fonder des groupes, voyager. Et par là-même, il ne pourrait plus assurer son travail à mes côtés.

Son courrier se terminait sur quelques phrases dignes des plus grands amants. Comment aurais-je pu encore en douter ?

Pas de doute c'était le jeu du vide et du plein. Une chose était certaine, la vie continuait d'avancer.

Tiens ! Je ne l'avais pas vu au premier coup d'œil ! Il y avait aussi une lettre de Corinne, que je m'empressai d'ouvrir.

Et là, ce fut une terrible déflagration :

Lettre du 6 juillet

Cher Jacques,

César est mort, il y a deux jours. Il m'a été impossible de te joindre, aussi je me suis résolue à t'écrire.

Comme il m'est douloureux d'être la messagère de cette terrible nouvelle, connaissant mieux maintenant la relation qui vous liait. Il est mort sans souffrir. Il a fait un second infarctus qui l'a emporté dans son sommeil.

Nous l'avons enterré aujourd'hui, en passant par l'église, comme il disait, pour ne fâcher personne.

Je t'ai attendu au village pensant qu'au dernier moment tu trouverais mon message sur ton répondeur. Je dois passer d'ici quelques jours dans ta région. Pourras-tu m'héberger une semaine ? Je te téléphonerai.

Je t'apporterai quelques affaires que César m'avait demandé de te remettre après sa mort.

Sais-tu, depuis son malaise du printemps, il voulait mourir en ordre, selon son expression. Et il avait distribué à tous divers objets pour qu'ils continuent à vivre chez ceux à qui ils serviraient.

Je t'embrasse, très tendrement.

Corinne.

Voilà, après Julien c'était César. Le va-et-vient du vide et du plein prenait des proportions à la limite du supportable.

Bien sûr, le choc était rude. Il s'en fallait de peu que je me laisse emporter par les sanglots. Mais par un curieux effet de ma mémoire, des passages entiers de sa dernière lettre me revinrent clairement à l'esprit, comme si le vieil homme posait une dernière fois sa main sur mon épaule.

« Chacun de nous accompagne l'autre un temps, puis s'éloigne...

C'est un jeu divin où chaque départ annonce une nouvelle arrivée. Rien ne meurt sans donner vie ailleurs... »

Et c'est vrai qu'en mourant, César mettait ma nouvelle vie à l'épreuve. Et c'est vrai qu'en partant, il me forçait à rester autrement.

Il me revint mille instants passés auprès de lui : de la soupe au lard jusqu'à la terrasse du grand café.

Peu à peu, toutes ces images finirent par me calmer au-dedans. Comme si repenser à César me donnait de

l'altitude. Serait-ce dorénavant le nouvel aspect de sa contagion ?
Ainsi, même mort, il demeurait contagieux.

La partie de pétanque continuait. César-l'éclaireur avait joué sa dernière boule, pointant son âme plus près du but.
Par là-même, il me forçait à jouer, à reprendre le point, à relever le défi. Il fallait que je m'applique, que j'étudie le terrain des actes. L'enjeu ne devait pas m'empêcher de gagner.

Alors je me suis levé, j'ai pointé ma boule vers la terre.
Mon César, je vais t'honorer comme il se doit. Mon César, je vais t'aimer à ta mesure. Je vais le faire ton enterrement comme tu me l'avais appris pour Thérèse.

J'ai mis mon plus beau costume, réservé une place à la plus grande table de la ville. Ce soir-là, j'ai goûté pour lui, par lui, les meilleurs plats, les meilleurs vins. Ce soir-là, je ne l'ai pas quitté des yeux, pas même d'une respiration.
Le meilleur de la terre était au rendez-vous du meilleur de Jacques. Et César sans nul doute s'en trouvait couronné.
Voilà, j'avais joué ma boule ; en perdant l'être le plus cher n'avais-je pas, par cette fête, vaincu l'enfer ?

En rentrant, j'ai marché avec lui le long des quais. Mon cœur était léger. Ne le dites pas, personne ne comprendrait.

J'en étais sûr, c'est ma victoire qu'il voyait. La terre était trop loin, mais mon âme devait être à ses pieds. Je le sentais bien, il m'épiait.
J'ai remonté l'avenue Mermoz et je me suis arrêté un instant devant la terrasse du grand café.

Allez, mon vieux, pas de sensiblerie, juste de la sensibilité, semblait me dire son silence. Laisse le passé !

Ce soir-là, je me suis couché auprès de lui, comme jamais. Le moins que l'on puisse dire, c'est que son absence était une présence intense. C'est vrai qu'il n'était pas loin.
C'est vrai qu'aucune tristesse n'est nécessaire quand on aime vraiment ceux qui partent.
J'étais fier de l'avoir fêté, fier que sa mort ne m'ait pas emporté.

Étrange phénomène, il me sembla que César se confondait peu à peu avec « celui-qui-m'accompagne ». Comme si, en mourant, il devenait une partie de mes « grands yeux ».
Quelque part, il avait pris place en moi, une place qu'il ne quitterait jamais, au voisinage du meilleur de moi-même.
Comme c'est bizarre ! J'eus le sentiment de m'endormir plus près, tout près, dans la proximité brûlante des grandes vérités.

Ce soir-là, je n'ai pas sombré dans le sommeil comme on dit souvent. Non ! J'ai été enlevé, transporté.
Je n'oserais même pas parler de rêves, de nuit : tant il s'agissait d'une visite dans la lumière, d'une intimité inaudible me donnant le goût, les odeurs, les couleurs d'une autre humanité.

A peine ai-je eu les yeux fermés, étaient-ils fermés d'ailleurs ? qu'un étrange périple a commencé...

Là où tu arrives maintenant
Il n'y a plus besoin de repos.

Dialogues avec l'Ange

Chapitre 24

STÉPHANE, L'ÉCLAIREUR

C'est certain, les mots vont me manquer sur cette nuit inoubliable. Pourtant, il me faut bien essayer de tout dire de ces chroniques intimes. Même s'il ne vous parvient que l'écho déformé de mes frissons.

En premier lieu, je fus envahi par une inébranlable certitude : la place vide, la place laissée par Julien et surtout par César, était déjà occupée.

«Celui-qui-m'accompagne» s'y était installé, me faisant partager notre nouvelle proximité.

Cela ne s'appelle plus sommeil, même si sur terre cela y ressemble. Non ! Jacques ne dormait pas.

Cela ne s'appelle plus rêve, mais dialogue.

Non ! Jacques ne rêvait pas : il était EMBRASSE.

Mon Dieu ! Que nos songes sont étroits habituellement.

Leurs images nous grisent, mais elles restent des images symboliques, étriquées, qu'il nous faut encore interpréter.

Là, rien à voir. Je subissais les assauts d'une lumière blanche, si blanche qu'elle en était transparente, au-delà de toutes les couleurs et donc de toutes les images..

Nul besoin de s'étourdir dans des explications, il s'agissait ici d'évidences sans nom, une sorte de déferlement de certitudes implacables. Des vérités profondes venant éclore à MA surface.

Non ! Je vous le répète, je ne dormais pas. Je vivais à pleins poumons une respiration si ample que je crus bien en éclater. C'était à la limite de ma raison, aux confins de mon intelligence, là où l'on s'enivre sans AUCUNE pensée.

On aurait dit que « celui-qui-m'accompagne » me tenait par la main, me faisant visiter son domaine, une suite de goûts sans image, de saveurs sans support, de bruits sans mots et d'odeurs sans motif. Même mes cellules semblaient participer à cette musique vivifiante.

Étrange conscience, en vérité, que cet assaut du sens, ce berceau de la sensibilité. Etrange voyage dans mes possibilités humaines encore ignorées.

Bientôt, un bonheur inhumain enfla dans ma poitrine, me révélant une merveilleuse et terrible sentence : TU ES ATTENDU.

Le sacré devint terrifiant en même temps que joyeux.

Plus que ces trois mots, leur musique vint se dissoudre jusque dans mon sang : au centre.

J'étais pénétré, pris d'amour, entraîné dans le tourbillon d'une caresse, poussé à l'évidence :

TU ES ATTENDU.

Mon être entier voulait se faire entendre, hurler sa réponse :

« Oui, je le sais ! Oui, je le veux ! Oui, cela sera ! »

Il me sembla que sous l'action de ce souffle l'univers m'invitait à me prononcer. Moi, Jacques-l'unique, moi, Jacques-l'attendu, je devais prendre ma place, énoncer le serment sacré : JE VIENS.

Et puis la lumière se déplaça, faisant maintenant apparaître des flashes à grande vitesse – plus vite encore – comme si mes amis, mes parents, Thérèse, Julien, César passaient en un instant et puis mouraient.

Le Ciel semblait me montrer la vraie durée d'une vie : une seconde pas plus, juste le temps d'un éclair. On aurait dit les « grands yeux », les « très grands yeux » me faisant mesurer la définition du mot : éphémère. Au plus haut point de son sens.

Vu d'en haut un homme à peine né est déjà mort et cela s'appelle : sa vie.
En un instant, il me fut prêté l'autre mesure du temps, celle qui plaisante sur les petites dimensions de la terre.
En un instant, aux portes de ma chair, j'ai trempé mon âme dans l'intuition de l'éternité.

Alors j'ai entendu rire, mais rire comme on ne l'a jamais entendu. Je riais d'être si bête, je riais de n'avoir pas compris avant, l'immense farce de nos petits drames.

Soudain ce fut une nouvelle évidence, même la mort nous la prenons trop au sérieux.
Regarde ! semblaient me dire les « grands yeux », les douleurs de la mort ne sont qu'un mirage : une prétention.

Apprends à perdre des êtres chers... importants.
Et tu apprendras ta propre mort... perdre ton corps, sans importance.
Alors je vis le vrai visage de la Fin, comme le prix

d'une fête. C'est incroyable, une gigantesque fête, célébrant la victoire de la vie.

TU ES ATTENDU, semblaient insister les «grands yeux».

TU ES ATTENDU, à l'endroit précis où perdre César n'est pas une fin mais un début.
Alors ta propre mort sera ainsi.

Puis défilèrent les tableaux de ma vie, non pas en images mais en musique, jusqu'à ce que j'habite enfin mon identité.
Bientôt, je me sentis flotter au-dessus des événements, sans aucune résistance à leur spectacle.
Il dut y avoir, en ce point, une jouissance si intense qu'il m'est impossible d'en témoigner.

En me levant le lendemain matin, j'avais le ventre repu ; étrange sensation d'une plénitude sans raison, sans mots, comme il arrive parfois après certains actes sexuels.
César à peine mort, n'avais-je pas fait l'amour avec «celuiqui-m'accompagne», juste à la place qu'il nous laissait ?

Mais dites-moi ! Si le souvenir a besoin d'images, comment ai-je fait pour me rappeler ? Il me sembla avoir découvert une nouvelle fonction humaine, une nouvelle dimension à nos nuits. J'en suis sûr, nos songes habituels, c'est ce qui nous reste quand l'essentiel est parti. J'en suis sûr, nos nuits sont en haillons, comparées à l'habit de lumière dont elles pourraient se vêtir.

Il n'y a pas de doute pour moi – AUCUN : il existe une profondeur de nos rêves où il n'est plus nécessaire d'interpréter, mais de se laisser prendre par l'intime-conviction.

Il n'y a pas de doute pour moi – AUCUN : nous sommes encore de petits enfants quand nous rêvons et le ciel nous raconte des histoires. Parce que le nouveau nom du rêve s'appelle : dialogue sans fard.

Ce matin-là, j'ai su que c'est la qualité de nos vies qui conduit à cette autre qualité de nos nuits. J'ai su qu'une intimité sacrée, une sorte d'ultime union pouvait se glisser avec nous dans les draps.

Pas de doute, une autre aventure était en train de commencer.

Jacques, TU ES ATTENDU, semblait me dire amoureusement « celui-qui-m'accompagne ».

Les jours passèrent, sans que je puisse quitter mon nouveau refrain intérieur : TU ES ATTENDU. Il semblait grave, portant mes actes. Jamais auparavant, je n'avais été si léger, si puissant dans le banal de mon quotidien. J'étais un autre, vraiment un autre.

Plus de Julien, plus de César, plus besoin de personne pour rencontrer mes « grands yeux ». Cela devint presque aussi naturel qu'une seconde respiration.

La vie mettait les bouchées doubles, mais je n'étais pas au bout de mes surprises.

D'ailleurs, cela ne tarda pas. Corinne vint passer quelques jours chez moi. Elle dut être étonnée en me retrouvant. Mon enthousiasme, ma légèreté à vivre la mort du vieil homme l'intriguaient. Curieux destin quand même : je me trouvais dans la même situation que César lors de la mort de Thérèse. Il me fallait porter Corinne, l'aider à dépasser sa tristesse, sa nostalgie.

Elle l'aimait aussi son César, celui qui lui avait donné des ailes. Pensez donc, j'étais bien placé pour la comprendre et pour l'emmener un peu plus loin. Le ciel avait bien fait de me l'envoyer.

Elle m'avait rapporté mon petit héritage terrestre, offert par le vieil homme comme un dernier clin d'œil. Tout d'abord, son vieux pot de chicorée, histoire que je me souviennne de la soupe au lard. Il est toujours là, d'ailleurs, sur le buffet de ma cuisine, éternel sourire d'un César penché sur mon enfance.

Et puis sa veste de chasse, son odeur. Cette veste sur laquelle il m'avait si souvent étreint. Aujourd'hui encore je la mets, quand je vais me promener dans les bois avec lui.

Maigre héritage ! Pensez donc !

Il m'a laissé un virage, cent quatre-vingts degrés : une nouvelle vie. Tiens ! à l'heure où je vous écris, ne suis-je pas encore dans ses traces ?

Ensuite, ce qui devait arriver arriva. Corinne, la petite brune aux yeux noisette, passa d'abord huit jours chez moi, en tout bien, tout honneur.
Puis elle revint, puis elle renonça à Toulouse. Et elle revint encore. Nous étions si bien ensemble, qu'un jour elle resta.

De temps à autre, je revis Julien. Maintenant il parcourait le monde. Il était resplendissant. Il avait adapté à sa manière tout ce que nous avions reçu. Le gros «poupon costaud» était devenu un homme imposant. Mais mon ami restait un frère, un frère de la grande aventure.

Quelques mois plus tard, je m'en souviens très bien, c'était trois jours avant le premier anniversaire de la mort de César.

J'étais assis à la terrasse d'un café devant une bonne bière.

Je rédigeais un article qu'une revue spécialisée m'avait demandé concernant ma «médecine des actes».

Tout à mon travail, je n'avais pas aperçu, à la table voisine, un jeune homme fragile qui ne cessait pas de m'observer.

J'avais décidé d'écrire un texte plein d'humour, plutôt que de me lancer dans une explication sérieuse.

Aussi m'arrivait-il de sourire tout seul. Et puis la vie me semblait si légère et si drôle, que je devais le respirer un peu.

Le jeune homme se racla la gorge d'une manière si bizarre que mes «grandes oreilles» en furent alertées. En levant les yeux dans sa direction, je vis bien qu'il m'observait avec insistance. Mais il semblait paralysé, tout bébête sur sa chaise.

Le genre timide qui recule d'un pas si l'on persiste à le regarder.

Lorsque je me remis au travail, il se produisit un de ces «hasards» dont j'aurais dû me méfier. Vous savez, le style: si-je-te-rencontre-ce-n'est-pas-pour-rien.

Le jeune homme se leva, et sans un mot vint s'asseoir à ma table. Ah! ça alors, où avait-il pris une telle audace!

La situation m'amusa. Il fallait que je termine ma phrase pour ne pas perdre mon idée. Aussi n'ai-je pas relevé la tête immédiatement. Une minute, peut-être deux s'écoulèrent. Mais ce fut suffisant au silence pour que cela devienne comique.

Il était là, il me fixait, assis sur la pointe de ses fesses, ne sachant pas comment faire pour entamer la discussion.

En posant mon stylo, j'ai plongé mes yeux dans les siens.

Mon Dieu! Comme ce fut étrange. Cet inconnu m'aimait sans même que je le connaisse. Mon intuition était formelle, pas de doute : il m'aimait !

Soudain ce fut un plongeon dans mon propre passé. Oh! comme je reconnaissais ce moment bizarre. N'avais-je pas eu le même choc en rencontrant César? Jeune homme emprunté, demandant l'hospitalité d'un vieil homme, juste pour le revoir.

Mais qu'est-ce qui m'a pris à cette terrasse de café? C'est tombé de ma bouche, comme si César m'avait poussé. En m'avançant par-dessus la table je lui ai dit à voix basse :

– C'est contagieux... hein !

Il dut y avoir un déclic, car il se détendit. Il eut même un sourire semblant comprendre à quoi je faisais allusion.

J'étais aux anges, pensez donc !

Sans même qu'il le sache, je le suivais à la trace intérieurement.

Mon Dieu! Comme César avait dû s'amuser avec moi !

Comme il avait dû aussi m'aimer, car je fus pris d'une immense tendresse devant cet étranger qui répétait mon histoire.

Pour le détendre, mais aussi en mémoire d'un petit Jacques dont je me rappelais la maladresse, je me suis empressé de rajouter :

– Je m'appelle Jacques, et toi ?

Je savais bien, le double effet du prénom et du tutoiement.

Je savais bien, le parcours qu'il allait faire dans son silence.

Mais j'eus le plaisir de constater qu'il était moins bête que moi.

Il me répondit :

– Je m'appelle Stéphane.

Comme le hasard est curieux !

On dirait une sorte d'escalier en colimaçon. On repasse par la même marche, les mêmes choses, les mêmes situations, mais un étage plus haut.

Voilà, l'univers semblait m'indiquer une nouvelle case départ.

Eh ! bien, Stéphane, en route. Combien me faudrait-il de temps pour lui parler de Stéphane-l'éclaireur ?

Impression : EUROPE MEDIA DUPLICATION S.A.
F 53110 Lassay-les-Châteaux
N° 8432 - Dépôt légal : mai 2001